憲法事件を歩く

憲法事件を歩く

尊厳をかけて闘った人々と司法

信濃毎日新聞
渡辺秀樹
Hideki Watanabe

岩波書店

まえがき

憲法に合わない現実をただす闘いに挑んだ人々を訪ねる旅を続けて4年になる。

信濃毎日新聞で連載「憲法事件を歩く　理念と現実のはざまで」を始めたのは2020年11月。自分の国が攻撃されていなくても密接な関係にある他国が攻撃されれば武力行使できる集団的自衛権の行使を認めた安全保障関連法が2016年に施行され、今度は敵基地攻撃能力の保有を求める声が自民党内で高まっている時だった。二度と戦争をしないことを「決意」した憲法と現実政治の乖離がさらに進む危機感があった。

こうした憲法の理念と現実との溝を埋めようとする営みが憲法訴訟である。それぞれの憲法判断は判例集として記録されているが、登場する人々は「X」「Y」などと記号化され、怒りや希望といった人間の感情はそぎ落とされている。理論を学ぶためのものなので当然だが、文学部出身で法律の素養のない私には、情景が浮かばず頭に入ってこない。

憲法を盾に異議を申し立てるのも、憲法判断を下すのも人間である。判例集では分からない人間のドラマを描きたい。そうすれば憲法はぐっと人々の身近なものになり、おかしいと思う現実に対し、憲法を「使う」ことが進むのではないか。それが憲法事件を巡る旅を始めるきっかけだった。

動機はもう一つある。

この連載を始める前、私は『芦部信喜　平和への憲法学』（同じタイトルで岩波書店から出版）という連載を約2年間執筆した。同じ長野県駒ヶ根市出身で、戦後日本を代表する憲法学者、芦部信喜《のぶよし》氏（1923~99年）の「人と学問」を追ったものだ。芦部氏の最大の功績は、まだ憲法で闘うすべが確立していなかった日本に、米国留学を経て憲法訴訟論を根付かせたことだ。実際、国家公務員の政治活動が問われた猿払事件や統計局事件、日本史教科書の検定と学問の自由などが争われた教科書裁判などに意見書を提出したり、証言台に立ったりして関わった。この取材を通して私は憲法訴訟に興味を持ち、もっと深掘りしてみたいと考えていた。

とはいえ、取材を始めたのはコロナ禍の真っ最中。4年間の取材期間中3年近くがコロナとの闘いだった。「憲法事件を歩く」のタイトルにたがわぬよう対面での取材を基本としたため、難病を抱えながら取材する側と、高齢者が多い取材される側双方にリスクが伴った。屋外で短時間話を聞いて写真を撮り、あとは電話でというケースもあったが、多くの人が連載の趣旨に賛同して協力してくれた。

取材対象は憲法訴訟に立ち上がった人や代理人弁護士、支援者、学者だけでなく、それを裁いた当時の裁判官にもできる限りアプローチした。「裁判の根底にあるのは、裁判官の人生観や価値観」。元最高裁判事の山浦善樹《よしき》さんが語るように、判決の裏にある裁判官の人生も重要だと考えたからだ。合計9人の元裁判官が取材に応じてくれた。

「戦争が始まって国民が沸き上がれば、もう止めることができないのは歴史が証明している。早い段階で裁判所に救済を求めなければ戦争を止められない」。自衛隊イラク派遣訴訟で違憲判断を示した元名古屋高裁裁判長の青山邦夫さんの言葉は憲法訴訟の意義を示している。

乾いた判例に息を吹き込むと、生き生きとした人間ドラマが浮かび上がってきた。国会で憲法改正論議が進む中、今の憲法でさえまだまだ社会に定着していない現実をこのドラマから感じ取っていただければ幸いである。

＊本文中は敬称を略し、年齢や肩書は新聞掲載時のままとした。新聞掲載後に進展があったり、特筆すべきことがあったりした場合は［　］内に追記した。

目　次

第1章　平和の原則（9条）

「砂川事件」の土屋源太郎

（9条）

日本国民は，正義と秩序を基調とする国際平和を誠実に希求し，国権の発動たる戦争と，武力による威嚇又は武力の行使は，国際紛争を解決する手段としては，永久にこれを放棄する．
②前項の目的を達するため，陸海空軍その他の戦力は，これを保持しない．国の交戦権は，これを認めない．

浅間山米軍基地闘争——信州に訪れた「憲法訴訟前夜」

2020年8月の良く晴れた日。長野県北佐久郡軽井沢町南部ののどかな田園地帯、発地《ほっち》から煙たなびく浅間山(標高2568メートル)を望んだ。この山腹に67年前、米軍の演習場が計画され、全県的な反対運動が起きたことを示す痕跡はなく、知る人も今やわずかだ。

敗戦から8年の1953(昭和28)年4月2日。軽井沢町役場は、駐留米軍の参謀と中佐や外務省、農林省(当時)、調達庁(現防衛装備庁)の担当課長らの訪問を受けた。

町長に手渡されたのは1通の覚書。そこには「山岳冬期戦学校」の名称で、米軍演習場を浅間山の中腹以上約5000ヘクタールにつくる計画が日米行政協定合同委員会の勧告として書かれていた。

この前年、サンフランシスコ平和条約が発効し、独立を回復した日本。同時に結ばれた日米安全保障条約によって「極東の平和と安全」のため米軍が駐留を続け、日米行政協定で日本は駐留軍に基地を提供、その費用も分担することになった。50年に始まった朝鮮戦争で山岳戦に苦戦した米軍は、山岳訓練の適地を探していた。

米軍参謀らが訪れた翌日の信濃毎日新聞朝刊は「〝浅間山を演習地に〟米軍が申入れ」と3面トップで報じた。町は大騒ぎになった。

翌早朝、同町追分に住み、当時21歳だった荒井輝允《てるのぶ》(89)のもとに隣集落の青年団仲間がやってきた。2人は演習地計画反対を町民に呼び掛けることですぐに一致した。「戦争はこりごりだった。人殺しの練習をする場を提供するなんて許せない。議論するまでもなかった」と荒井。

追分の近くには、旧満州(中国東北部)から着の身着のまま逃げ帰り、原野を切り開いて農業をする開拓団の集落があった。ほとんどの家に電話がない時代。荒井は、農作業を終えて夜になると開拓団長や区長らの家々を自転車で回り、反対を呼び掛けた。

開拓団の集落は、周りを寒さよけのカヤで囲った粗末な家が散らばっていた。演習場計画を聞いた団長の言葉を荒井は覚えている。「苦労してやっと(牛の)乳が搾れるようになったのに(餌の)草刈り場を取られたら生活できなくなってしまう」

青年らの活動でまず集落ごとの総会が開かれ反対を決議。それが区民大会、町民大会へとつながる。当時の県評(長野県労働組合評議会)も動き、長野県浅間山米軍演習地化反対期成同盟の結成、民と官が一体となった全県レベルの運動へと発展させていく。

同年6月7日。雨の軽井沢町に当時の報道で4000人(主催者側推定)が集まって県民大会が開かれた。運動を記録した『二百万人の勝利』(反対期成同盟発行)には、こんな内容の記述がある。

日米安保条約、行政協定破棄の主張には拍手が多かったが、自由党(現自民党)から共産党まで闘える目標は「浅間山反対」の一点にしか集約できないことは明らか——。結束を重視した結果、大会宣言に政治的スローガンは一切含まれなかった。

町に計画が持ち込まれてから3カ月半後の7月16日。外務省は、日米合同委員会で演習地計画を撤回することが決まったと発表する。浅間山の東大浅間火山観測所の研究に支障を及ぼすのが確実になったとの理由だった。反対運動は短期間で一気に盛り上がり、勝利した。

新憲法施行から6年。まだ憲法を基に闘うという発想はなかったようだ。運動の記録にも「憲法」の文字は見当たらない。今は護憲団体「九条の会」に入る荒井。「当時、平和への思いは強かったが、米軍演習地と憲法は結び付かなかった」と振り返る。

ただ、『二百万人の勝利』には、憲法9条を強く意識したとみられる詩「基地よ砕けよ」が県民大会の日付で載っている。

〈吾々《われわれ》は今後再び世界のどの国とも戦争をしない決意とともに又どの国の兵隊も、どの国の基地も、うけ入れてはならないのだ……〉

それから4年後の57年7月。米軍基地の憲法適合性を真っ向から問う事件が、東京で起きる。

砂川事件——米軍駐留は憲法9条違反か

東京都立川市の北部に広大な敷地を持つ陸上自衛隊立川駐屯地がある。旧砂川町側の境界からフェンス越しにのぞくと、雑木林に囲まれたアスファルト路面が広がっていた。

今は、市内の催しで臨時駐車場として開放されるこの場所は、駐屯地になる前の米軍立川基地の滑走路跡。この滑走路の延長計画を巡って反対闘争が始まったのは1955(昭和30)年のことだ。

その4年前に調印された日米安全保障条約と翌年締結の日米行政協定によって、駐留米軍に基地を提供することになった日本。軽井沢町の浅間山米軍演習場計画などを先駆けに各地で基地反対闘争が起きた。その最大のものが砂川闘争である。

戦闘機のジェット化などに伴い滑走路を大幅に延長するため、砂川町中心部の農地など5万3000坪(17・5ヘクタール)を接収する計画。農民を中心にした町を挙げての反対運動に全国の労働組合員や学生らが加わり、国の測量に激しく抵抗した。56年10月には警官隊との衝突で一〇〇〇人を超える負傷者を出し「流血の砂川」と呼ばれた。

翌年7月8日早朝。基地内の私有地を強制収用するための国の測量が始まると、一〇〇〇人余が抗議活動をし、一部が境界柵を倒して基地内に数メートル侵入。後日、安保条約に基づく刑事特別法第2条違反(正当な理由なく米軍使用の施設・区域内に入った罪)容疑で23人が逮捕され、指導的だった労働組合員、学生計7人が起訴された。

当時、都学連（東京都学生自治会連合）委員長だった土屋源太郎（86）＝静岡市＝はその一人である。戦争末期の空襲で東京の家が焼かれ、父の実家がある軽井沢町に疎開、小中高の8年間を同町で過ごした土屋。反戦意識を強め、明治大進学後、学生運動に身を投じた。砂川では最前線で闘っていた。

新井章《あきら》（89）＝東京都＝は当初から砂川問題に関わった、今では数少ない弁護士である。東京大に進学後、郷里の群馬県高崎市で原爆展や平和問題懇談会を開くなどの「帰郷運動」を行い、56年に弁護士になった。その最初の仕事が「砂川」だった。

新井によると、当時の憲法学界では日米安保条約やそれに基づく駐留米軍は憲法9条に違反するとの説が広がっていた。土屋らの弁護団も駐留米軍は、軍事力に依存しない9条の精神に反するとの論理を展開。無罪を主張した。

59年3月30日、東京地裁。土屋は被告人席で判決を受けた。「司法は政府寄り。期待できない」と思っていた。裁判長の伊達《だて》秋雄が「被告人はいずれも無罪」と主文を言い渡すのを聞いて、「一瞬、頭が真っ白になり、やがて感動に変わった」。判決は憲法問題に正面から向き合い、よく整理されていた。以下はその要旨である。

①米軍の駐留は、わが国の要請と施設・区域の提供、費用の分担その他の協力があって初めて可能になるから一面、わが国政府の行為と言える。

②わが国が外部からの武力攻撃に対する自衛の目的で米軍の駐留を許容していることは、指揮権の有無などにかかわらず憲法9条2項が禁じる「戦力の保持」に該当する。

③米軍駐留が違憲である以上、刑事特別法の規定は無効で罪とならない。

法学博士でもあった伊達は94年に85歳で死去。初めて9条違反を判示した「伊達判決」としてその名は裁判史に刻まれた。「憲法9条をどう解釈しても、自衛のための軍隊なら持てるという結論は出てこない」との言葉とともに。

違憲判決を最高裁が破棄、事件は終わらず

米軍駐留の根拠である日米安保条約の改定調印が迫っていた。検察は東京高裁への控訴を飛ばして最高裁に直接上告する「跳躍上告」に踏み切った。

急いだのは最高裁も同じだった。弁護団に加わっていた新井章によると、最高裁との交渉の際、主任裁判官からこう言われた。

「この事件は国際的に重大な影響があるので、6月弁論、8月判決という予定にしたい」「論点は新聞雑誌で論じ尽くされていて当裁判所にも明らかだから、弁護人の答弁書は詳細なものでなくてよい」

最高裁はその後、日程を変更したものの、新井は「裁判が始まる前から結論が出ているようだった」と振り返る。

これに対し、約300人に膨れ上がった弁護団は、伊達判決の維持に向けて検討を重ねた。このうち26人が大法廷に立ち、実に6日間にわたる弁論を展開した。

新井が訴えたのは「安保条約と国際連合の精神」。平和維持に関する国連の原則は、各国の武力行使は国連の安全保障理事会を通してでなければ許さない徹底的な国連中心主義。日米安保条約はこれに反し、国連の安全保障措置に安全と生存を負託しようとする日本国憲法（前文）とも相いれない――。そんな趣旨だった。

同年12月に最高裁（裁判長田中耕太郎）が言い渡した判決は、弁護団の主張をことごとく退けて伊達判決を破棄、地裁に差し戻した。新井の弁論は「わが国の安全と生存の保持は、国連安保理事会の措置に限らない。憲法9条は他国に安全保障を求めることを禁じていない」と片付けられた。

判決はその上で「同条が保持を禁止した戦力とは、わが国が主体となって指揮権、管理権を行使し得るものであり、結局わが国自体の戦力を指し、外国の軍隊が駐留しても、戦力に該当しない」と伊達判決を一蹴した。

さらに判決は重大な問題を提起した。それは次のくだり（要約）である。

安保条約は、高度の政治性を有する。違憲かどうかの法的判断は、純司法的機能を使命とする裁判所の審査になじまない。一見極めて明白に違憲無効であると認められない限りは、裁判所の司法審査権の範囲外である――。

これは「統治行為論」と呼ばれ、その後の憲法裁判に大きな影響を及ぼす。

差し戻し審は最高裁の判断に拘束されるため一審から最高裁まで無罪主張を退け、土屋源太郎（86）ら7被告の罰金刑（2000円）が63年に確定する。「これで終わったと思っていた」と土屋。

それから45年たった2008年4月。毎日新聞記者からの電話に驚いた。最高裁裁判長（最高裁長官）、田中が59年の判決以前に、駐日米大使と密談していたことを示す文書が米国立公文書館で見つかったというのだ。その後、田中が判決時期の見通しを示唆するなど米側に便宜を図ったことをうかがわせる米公文書も次々に発見された。

「公正な裁判を受ける権利が侵害された」。土屋らはこれらの公文書を新証拠として再審を請求。だが「長官の説明は抽象的で、一方の当事者に偏重した情報提供をしたとは推測できない」との地裁決定を高裁も最高裁も支持し、再審開始は認められなかった。

現在は国に慰謝料などを求めた訴訟が継続中。紆余《うよ》曲折を経た事件は発生から60年以上たっても終わっていない。

恵庭事件——自衛隊と「平和的生存権」

北海道中部（道央）に位置し、市域の約3分の2が森林地帯の恵庭市。その森林の中に約49平方キロメートルと広大な陸上自衛隊北海道大演習場の島松地区がある。

同市を訪れた2020年9月中旬の午後は小雨交じりの天気だった。北恵庭駐屯地が地元自治体に通知した訓練内容によると、この日は戦車射撃や中距離多目的誘導弾（ミサイル）の発射などが行われる予定だったが、中断されたのか演習場に近づいても音は聞こえなかった。地元住民によると、演習のある日は「ドーン」という砲撃音が5キロほど離れた中心市街地にも響き、一定区域の住宅は補助を受けて防音工事を施している。

「あのころはもっとひどかった」。島松演習場（当時）に隣接する牧場で酪農を営んでいた野崎健美《たけよし》（85）＝現在は隣の北広島市在住＝は60年近く前を振り返った。

戦闘機が降下しながら牧場から1キロほどしか離れていない標的に回転式機関砲を「バババババン」と撃ち込み、牛舎の上を急上昇する。大砲の「ドーン」という砲撃音は、突然襲ってくるので「いきなり殴られたようで心臓に悪かった」。そのたびに窓ガラスはビリビリと揺れた。

騒音によるストレスで牛の乳量は減り、流産する牛も。野崎一家の生活は脅かされた。野崎は一人で演習場に入り、砲列や戦車の前に立ちはだかる命懸けの抵抗をした。さらに札幌市の自衛隊北部方面隊総監部に行き、牧場の近くでは大砲の演習を行わないことを約束させた。

1962(昭和37)年12月。乳量などから品質を選別する乳牛検定が行われている最中に近くで砲音が鳴り響いた。ともに酪農を営む弟、美晴《よしはる》(84)は大砲の発射現場に行き、「約束が違う」と中止を申し入れた。聞き入れられなかったため大砲の発射地点と観測地点を結ぶ通信線をペンチで切断した。

健美は演習場を管理する恵庭北部隊に抗議に行き、内部文書を見せられた。「(抗議に対し)巧みに処理しつつ既定の訓練を遂行すること」。「これでは約束が守られるわけがない」と判断した兄弟は翌日、世論に訴えるため新聞記者を伴って演習場に入り、再び通信線を切った。

兄弟は刑法の器物損壊容疑で書類送検されたが、起訴時にはより刑の重い自衛隊法違反(防衛供用物損壊罪)に切り替わっていた。このことが裁判の性質を決定づける。

陸、海、空の3隊から成る自衛隊は東西冷戦下、米国の再軍備要求に応じて54年に発足。戦力を持たないと定めた憲法9条に違反するとの批判をよそに、政府は防衛力増強を重ねていた。

兄弟が自衛隊法違反で起訴されたことを知った北海道大助教授の深瀬忠一《ただかず》(憲法学、2015年死去)は「有罪が確定すれば自衛隊は合憲のお墨付きを与えられる」と雑誌で呼び掛け、全国から集まった500人近い弁護団が結成された。自衛隊の違憲性を問う初の裁判が展開される。

特別弁護人になった深瀬が裁判で初めて主張したのが「平和的生存権」。全世界の国民が、ひとしく恐怖と欠乏から免かれ、平和のうちに生存する権利を有する――。憲法前文から導かれるこの権利は東京学芸大教授だった星野安三郎(憲法学、2010年死去)が提唱。深瀬は戦争放棄の9条や幸福追求権の13条と関連づけて発展させ、「戦争や軍備で平和的生存権を侵害してはならない」と訴えた。

それは半世紀余の時を経て全国22の裁判所に提起された安全保障関連法違憲集団訴訟にも生かされ

ている。

憲法判断回避「圧力」証言も

弁護団は自衛隊法違反に問われた兄弟の無罪を勝ち取るため、自衛隊の違憲性を訴える戦術に出た。「単に憲法9条と自衛隊法の文言解釈にとどまらず、自衛隊の実態まで具体的に立証して裁判所を説得する方針だった」。弁護団の要だった内藤功(89)＝東京＝は振り返る。憲法学者の芦部信喜《のぶよし》(1999年死去)が開拓した立法事実論の活用である。

防衛庁(当時)制服組が朝鮮半島有事を想定し、米軍との作戦を極秘にまとめた「三矢研究」。恵庭裁判中に国会で暴露され、研究を統率した元統合幕僚会議事務局長(陸将)の田中義男を証人として呼んだのも「自衛隊の実態が米軍と一体化した軍隊である」と証明するためだった。

北海道大で畜産を学び、法律は門外漢だった健美は、道立図書館や札幌市立図書館に通い、勉強を重ねた。憲法がつくられた時代背景、制憲国会での審議内容、9条に関わる学説、人権と公共の福祉の関係……。そして弁護団とは別の角度から札幌地裁の法廷で意見を述べる。

「自衛隊法が合憲かどうか判断しないうちに証拠調べをするのは、違憲の法廷を開く恐れがある」

その後、地裁は証拠調べを打ち切り、検察の論告(最終意見)の求刑などを禁止するという異例の訴訟指揮をした。「違憲無罪判決が出る」。弁護団は確信した。

「被告人両名はいずれも無罪」

67年3月に言い渡された判決主文は予想通りだった。だが、その理由は誰もが予想しないものだった。

被告らが切断した通信線は自衛隊法が言う「防衛の用に供する物」に当たらない。よって憲法問題の判断に入るまでもなく、被告らの行為は罪とならない――。

「憲法判断を回避され、無罪でもうれしくなかった」と健美。当時は判決後、裁判官の記者会見があり、裁判長の辻三雄《みつお》は報道陣の質問にテーブルをたたきながら「憲法判断を回避したのではない。判断する必要がないと考えたからだ」と語気を強めた。

違憲判断が出なかったことから、無罪にもかかわらず検察は控訴せず、判決は確定した。

それから半世紀がたった2017年。判決への「圧力」があったとする証言が地元、北海道新聞に載り、波紋を広げる。辻の次女平塚美見《よしみ》(70)。20年9月、信濃毎日新聞の取材にあらためてこう話した。

(退官し)札幌市に住んでいた父が、亡くなる10年前の94年12月、(平塚の暮らす)旭川市に一人で訪ねて来て喫茶店で会った。恵庭判決の話になった時、父が漏らした。「最高裁から憲法判断するなとお達しがあった」――。

辻は大腸がんの手術を受けた後で、平塚は「余命が長くないと悟って娘に打ち明けたのではないか」と振り返る。判決から50年の節目に過去の新聞記事ファイルを見ているうちに「父が公表してくれと言っているような気がして」証言することにしたという。

裁判官の独立は憲法76条に規定されている。平塚は「こんなことがあっていいのか。父が一人で抱えていたと思うとやり切れない」と嘆いた。

今となっては真相は分からない。ただ、恵庭判決から2年後、やはり自衛隊の違憲性が問われた訴訟で、はっきりとした証拠のある裁判干渉が起きる。

長沼ナイキ基地訴訟――「自衛隊は違憲」初の判決と波紋

北海道・石狩平野の南端に位置する長沼町。訪れた2020年10月上旬、全国有数の生産量を誇る大豆の畑が収穫を待っていた。

町はその名が示す通り低湿地帯で、長年、水害に苦しんできた。それを食い止め、農業用水を確保する役割が東側の馬追《まおい》丘陵に茂る水源かん養保安林にあった。

その丘陵に航空自衛隊のナイキミサイル(地対空誘導弾)発射基地を建設するため、保安林の指定解除が告示されたのは1968(昭和43)年7月。反対する農民たちは森林法に基づく異議申し立てをし、林野庁は町内で聴聞会を開いた。

「意見を言えば、聞き置いたで終わってしまう。質問攻めにする戦略だった」。当時、実家の農業を継いだばかりの藪田亨《やぶたとおる》(71)＝町議＝は振り返る。

「水害に度々見舞われているのにこれ以上、木を切るのは許せない。『公益上の理由』は何なのか」。こう質問したが答えはなかった。森林法で保安林指定解除に必要な「公益上の理由」は、その後の訴訟で大きな争点になる。

農民を中心とする町民は翌69年7月、保安林指定解除の取り消しを求めて札幌地裁に提訴。同時に指定解除の執行停止を申請した。訴訟の原告は最終的に359人に上った。

当時19歳の藪田は未成年ということもあり原告団に加わらず訴訟支援に回った。町内の青年の声を結集しようと10人ほどで長沼平和委員会を結成。原告の農作業を手伝ったり、傍聴券を確保するため裁判の日の前の晩から地裁前にテントを張って並んだりした。支援者仲間には北海道大生もいた。

原告弁護団は、自衛隊の憲法判断を回避した無罪判決が確定した2年前の恵庭事件弁護団がスライド。今度こそ違憲判断を得て、保安林指定解除に「公益上の理由」がないことを証明する戦略だった。自衛隊の実態を明らかにするため陸、海、空の3隊の現、元トップらを証人に呼んだ。

その一人が、太平洋戦争の真珠湾攻撃時の参謀で元航空幕僚長の源田実(1989年死去)。恵庭裁判に引き続き、軍事に詳しい弁護士、内藤功(89)が尋問した。満席の傍聴席にいた藪田は「(内藤の)鋭い追及と(源田の)元軍人らしい毅然《きぜん》とした受け答え。すごい法廷だった」との印象を語る。

源田は、相手国の第1攻撃目標になるのは「航空基地、ミサイル基地、レーダーサイト」と証言。町民の「平和的生存権」を考える上で重要な示唆を与えた。

その2年後の72年11月。証言台に立ったのは憲法学者、小林直樹である。

2020年2月、98歳で亡くなった小林は、東京帝大生時代に学徒出陣し、その後東大で同僚になる同じ長野県出身の憲法学者、芦部信喜(1999年死去)と同じ陸軍金沢師団に入営。「野蛮で非情で愚劣な」(雑誌ジュリスト99年12月)軍隊生活を体験した。その小林は法廷で次のような趣旨のことを証言した。

憲法9条の戦争放棄は、自衛の戦争をも含んだ完全な戦争放棄。この学説が圧倒的多数である。わが国の憲法は、平和主義を貫くと同時に、国民の自由な人権、生存権を積極的に保障しようとするところに立国の趣旨を定めている——。

小林の証言は判決に反映されることになる。

自衛か侵略かにかかわらず「戦力」

長沼ナイキ基地訴訟の裁判長を務めた福島重雄(90)は、郷里の富山市で営む弁護士事務所で2020年10月、かくしゃくとした様子で取材に応じた。

満州事変の前年に生まれた福島は1945(昭和20)年3月、工場への学徒動員がなく勉強ができると、海軍兵学校に進んだ。終戦間際、山口・防府の校舎が米軍の空襲に遭って逃げ惑い、近くの防空壕《ごう》で寝泊まりしていた経験を持つ。同じころ、富山は大空襲に見舞われ、市街地のほとんどを焼失した。

終戦後、新憲法(日本国憲法)の内容を新聞で読み、「これで嫌な戦争がなくなって平和な国になる」と思った。京都大法学部を卒業、裁判所の書記官をしながら勉強し司法試験に合格。10年間の判事補を経て、3人の裁判官による合議体の裁判長を務めることができる判事になった69年、札幌地裁で長沼訴訟を担当することになった。この時、38歳。

9条裁判を巡ってはその10年前、米軍基地の違憲性が問われた砂川事件で最高裁は「高度の政治性を有する問題の法的判断は裁判所の審査になじまない」と、憲法判断をしなかった。2年前には、自衛隊の違憲性が問われた恵庭事件で札幌地裁が「(有罪か無罪かの)主文の判断に必要がない場合は憲法判断を行うべきではない」との理由で判断を回避していた。

「憲法に違反する疑いがあるなら憲法判断する。当たり前じゃないですか。判断を避けるのは裁判所がすべきことですか」。福島は裁判に臨む姿勢をこう振り返った。

憲法81条は最高裁が一切の法律、命令などが憲法に適合するかしないかを決定する権限のある「終審裁判所」であると規定。つまり地裁、高裁も憲法判断の権限がある。福島の頭には判断しない選択肢はまったくなかった。

ナイキミサイル基地を建設するための保安林指定解除の取り消しを求めて長沼町民たちが提訴して4年たった73年9月7日。傍聴席が満席になり熱気がこもった法廷で福島は判決主文を読み上げた。

保安林の指定解除を取り消す――。

そして500ページにも及ぶ判決文をこう締めくくった。

自衛隊の存在や関連法規が憲法に違反するものである以上、自衛隊施設を設置する目的は（保安林指定解除の要件である）公益性を持つことはできない――。裁判史上初の自衛隊違憲判決である。

判決には大きな特徴が二つある。一つ目は、憲法前文から導かれる「平和のうちに生存する権利」（平和的生存権）が憲法第3章の人権条項で具体化され、裁判で使える権利と認めたことだ。ミサイル基地は「一朝有事の際にはまず相手国の攻撃の第1目標になり」、町民らの平和的生存権は侵害される危険がある」と、原告が訴える利益（適切性）を認定。門前払いしなかった。

二つ目は、憲法9条が保持しないと定めた「戦力」か否かは、自衛か侵略かの目的にかかわらず、その客観的性質で決めなければならない、としたことだ。その上で、自衛隊の装備や能力、演習訓練などを陸上、海上、航空ごとに細かく分析。「軍隊であり、憲法が保持を禁じる戦力に該当する」と判断した。

自衛力は「戦力」ではないと主張した国側。福島は次のような矛盾を突きつけた。
現在、世界の各国はいずれも自国の防衛(自衛)のために軍隊を保有しているのだから、それらの国々は、いずれも「戦力」を保有していないという奇妙な結論になる——。

裁判所長が書簡、決定直前の「干渉」

長沼ナイキ基地訴訟が札幌地裁に提訴された1969年。裁判の裏でもう一つの憲法問題が起きていた。

〈このやうな意見を裁判前に担当の裁判長である大兄に申し上げることは些《いささ》か越権の沙汰とも考へますが、事件の重大性もさることながら、(中略)何卒《なにとぞ》小生の意のあるところを率直に汲み取って下さるやうにお願い致します〉

こんな前書きの手紙が裁判長の福島の官舎に届いたのは同年8月。長沼町民らが自衛隊ミサイル基地建設を止めるために、国を相手にした本訴訟と同時に申請した保安林指定解除執行停止の申し立てを先行して審理し、決定を出す直前だった。

手紙の差出人は同地裁所長の平賀健太(2004年死去)。国側の判断を尊重した決定をするよう促していた。「平賀書簡」と呼ばれる。

憲法76条は、すべての裁判官がその良心に従い独立して職権を行い、憲法と法律にのみ拘束されると定めている。手紙はその独立性を脅かす「裁判干渉」だった。

「平賀氏もよほど最高裁に言われて苦労したと思う。その処理に困って最後にばくちみたいに手紙を書いたのでは」。福島は半世紀前を振り返った。

福島は平賀書簡に構わず、8日後、保安林指定解除の執行停止を認める決定を出した。一方で書簡問題が裁判所内でもみ消されることを恐れ、同僚の裁判官を通じてマスコミに知らせ、公にした。平賀は最高裁の注意処分を受け転任した。

すると今度は別の裁判所の所長が、福島の青年法律家協会（青法協）への加入などを問題視する論文を自民党の政治資金団体機関紙に発表し、波紋を広げる。

青法協は「憲法を擁護し平和と民主主義、基本的人権を守る」目的で、憲法学者の芦部信喜、小林直樹ら100人余の法律家が発起人になって54年に設立された団体。この論文によって福島は「偏向」攻撃を受ける。

法廷外が目まぐるしい展開をする中で、札幌高裁は地裁の執行停止決定を取り消し、馬追丘陵での基地建設が始まる。福島は本訴訟審理の終盤、東京出張の帰りの飛行機から配備済みのミサイルを見たという。

73年9月、自衛隊は憲法違反として、基地建設のための保安林指定解除を取り消す判決を出した半年後に異動。以後、「希望もしていない」地方の家庭裁判所ばかり回され、「裁判長を務める余地をなくされた」。

福島判決もその後、覆される。

76年8月、控訴審の札幌高裁は、砂防ダムなどの代替施設の完備によって洪水の危険という訴えの利益は消滅したと、町民らの訴えを門前払い。自衛隊の憲法適合性については、高度の政治性を有する国家行為の憲法判断は裁判所の審査になじまないとする「統治行為論」を採って判断しなかった。

82年９月の最高裁判決に至っては、訴えの利益の消滅を支持しただけで、自衛隊の憲法判断に全く触れなかった。今日まで、最高裁が自衛隊が合憲か違憲かを判断したことはない。この間に防衛費は増大し、自衛隊は活動範囲を海外に広げていった。

福島は「最高裁が沈黙することで現状を容認してきた」と嘆く。そして憲法判断を避ける統治行為論について、こう指摘した。

「裁判所による憲法適合性の決定を定めた憲法条文(81条)には、こういう場合には憲法判断しないなどということは書かれていない。統治行為論を振り回すのは自ら憲法改正をしているようなものだ」

［福島氏は２０２５年２月、肺炎のため94歳で死去した］

自衛隊イラク派遣訴訟——自衛隊は海外の戦争に協力できるか

2008年4月17日。名古屋高裁の判決が言い渡されると、負けたにもかかわらず原告たちの歓喜の声が広がった。航空自衛隊がイラク・バグダッドに多国籍軍の武装兵を空輸しているのは憲法9条違反との初判断を示したからだ。

フセイン政権が大量破壊兵器を保有している——。そんな誤った情報に基づいて、米英を中心とする有志連合軍が国連決議のないままイラク攻撃を始めたのは2003年3月。フセイン政権崩壊後、暫定政府が発足したのに伴い、多国籍軍が組織され、日本の自衛隊も参加することになった。

イラク特措法では憲法9条に基づいて、武力による威嚇《いかく》や武力行使をせず、「非戦闘地域」に限って人道復興支援活動などを行うとされた。

ただ、イラクは宗派対立に根差す武装勢力間の抗争に加え、各勢力と多国籍軍との抗争が絡み合って泥沼の戦争状態に陥った。米軍は首都バグダッドなどで武装勢力掃討名目の激しい空爆を繰り返し、子どもを含む多数の市民が犠牲になっていた。

小児がんなどに苦しむイラクの子どもたちの医療支援を行うNGOに関わっていた名古屋市の弁護士、川口創《はじめ》。自衛隊派遣によって現地で「敵国」「加害者」とみなされ、民間の人道支援が阻害されることを恐れていた。

航空自衛隊がイラクで運用するC130輸送機は、地元の小牧基地(愛知県小牧市)から出ていた。

戦争に加担している意識はリアルだった。周囲の弁護士が「勝ち目はない」と反対する中で、川口は２００４年初め、自衛隊の派遣差し止めや損害賠償などを求める初の集団訴訟を決意する。

多くの原告を集めるため、「ですます」調の分かりやすい訴状を作り、ホームページに掲載。応募した全員が自らの体験に基づく陳述書を書くという斬新な方法で、原告は提訴までの２カ月間に１２００人集まり、最終的に３２００人に上った。弁護団も１００人を超えた。

イラク戦争の実態を裁判所に突きつけるため、弁護団は事実認定のための証拠収集に力を入れた。川口ら有志はイラクの隣国ヨルダンに飛び、避難民らから聞き取りをした。

川口の妻で提訴時、弁護士になって２年目だった田巻紘子。イラクの深刻な事実や自衛隊の活動を伝える新聞記事を丹念に分析し、書証にして毎回、法廷に届けた。

田巻は「事実を認めようとしない国側への怒りがあった」と振り返る。

しかし、一審名古屋地裁は２００６年４月の判決で原告側の主張を一蹴した。憲法前文から導き出される「平和的生存権」について「『平和』は抽象的概念で、具体的権利と言い得ない」から、イラクへの自衛隊派遣が原告の権利や利益を侵害したとは認められない——。事実認定や憲法判断をするまでもなく門前払いにした。

その２年後の名古屋高裁の法廷。最初の判決主文は「控訴棄却」だった。が、その後、裁判長は田巻が提出した書証を基に、子どもたちの犠牲を含めたイラク戦争の実態を次々に読み上げていく。満席の傍聴席からすすり泣きの声が漏れる。

この時点で川口は確信した。「違憲判断が出る」

違憲判断の裁判長、芦部説を参考に

主文は控訴棄却ながら「憲法違反」を明言した自衛隊イラク派遣訴訟の名古屋高裁判決。高裁前では弁護士が「画期的判決」と書かれた旗を、外で待っていた原告団に向かって掲げた。原告弁護団事務局長を務めた川口は「主文で負けて、中身で勝った」と表現する。このため原告団は上告しないことを決めた。被告の国側は勝訴のため上告できず、違憲判決は確定した。

この判決が「画期的」である理由は大きく二つある。

一つは裁判史上初めて、憲法9条1項(戦争、武力行使の放棄)違反を認めたことだ。

判決は、イラク戦争、自衛隊の活動などの実態に向き合い、事実認定を詳細に行った。その上で、首都バグダッドはイラク特措法が自衛隊の活動を認めていない「戦闘地域」に該当すると認めた。さらに、航空自衛隊が武装した多国籍軍の兵員をC130輸送機でバグダッド空港に輸送していると認定。「多国籍軍の戦闘行為にとって必要不可欠な軍事上の後方支援で、他国による武力行使と一体化した行動」と指摘した。

もう一つは、憲法前文から導かれ、原告が主張した「平和的生存権」を、裁判所に救済を求めることができる具体的権利と位置付けたことだ。それまでの同種訴訟判決の多くは、具体的権利ではないとの理由で門前払いしてきた。

これに対し、基本的人権が平和の基盤なしには存立し得ないことから「平和的生存権」は全ての基本的人権の基礎にある基底的権利と定義。単に憲法の基本的精神や理念を表明したにとどまるものではないと、従来の判決を批判、裁判で使える権利であることを明言した。

その権利が現時点で侵害されたとまではいえないとしたが、「(原告らの)切実な思いには、平和憲法下の日本国民として共感すべき部分が多く含まれている」とも述べている。

判決文を書いた裁判長は青山邦夫(77)。言い渡し前に退官し、別の裁判長が代読した。

青山は太平洋戦争中の1943(昭和18)年、富山県高岡市の寺に生まれ、戦後、原水爆禁止運動に奔走する住職の父を見て育った。2021年11月、所属する名古屋市の弁護士事務所で取材に応じた。

平和的生存権の意義について「憲法に違反する行為を国民の側からただす大切な権利」と指摘。「戦争が始まって国民が沸き上がれば、もう止めることができないのは歴史が証明している。早い段階で裁判所に救済を求めなければ戦争を止められない」。穏やかな口調だが、平和への強い信念をにじませる。

東大の学生時代から芦部信喜の憲法学を学んできた。

裁判所の憲法判断を巡っては、同じ長野県出身の憲法学者、宮沢俊義《としよし》(1976年死去)が「憲法判断をしないで裁判が十分にできる場合には、憲法問題に触れないのが原則」と主張。これに対し、弟子の芦部は「憲法問題に触れないで判決が出せる場合でも、事件の重大性、違憲状態の程度、影響の範囲などを総合的に検討し、憲法判断に踏み切ることができる」と説いた。青山は芦部説を強く参考にしているという。

今は、集団的自衛権行使を容認した安全保障関連法の違憲性を訴える名古屋訴訟の原告代理人を務める青山。2018年12月の名古屋地裁第1回弁論で、後輩の裁判官3人を前にこう意見を述べた。

裁判官には憲法を擁護する義務がある。違憲状態の法律に判断を示さず沈黙すれば、その義務を放棄することになる――。

長野安保法制訴訟──集団的自衛権は９条違反か

信州大名誉教授の又坂常人《つねと》(72)＝松本市＝は敗戦間もない１９４８(昭和23)年に北海道函館市で生まれ、父が施設長をしていた児童養護施設で入所者と一緒に暮らした。多くが戦災孤児だった。空襲で焼け出され本州から渡ってきた子、大陸からの引き揚げ船ではぐれたり、捨てられたりした子、函館駅にたむろしていた浮浪児……。

父は日記にこう書き記している。〈戦争とは飢餓であり浮浪児であり不道徳であり不条理である〉。又坂は、戦争が生んだ不幸を身に染みて感じながら育った。この経験から、福祉行政を研究しようと東京大大学院で塩野宏教授に学んだ。塩野は「あらゆる行政作用は法の下に、法に従い行われなければならない」と説き、又坂も信大でそう教えてきた。その確信を崩されたのが、新安保法制だった。

安倍晋三政権は２０１４年、それまで政府が憲法９条に照らして認められないとしてきた集団的自衛権(自国と密接な国が武力攻撃を受けたら反撃する権利)の行使を容認すると閣議で決定。他国軍に弾薬提供もできる後方支援活動などを盛り込んだ安全保障関連法案を提出し、国民の反対運動を押し切って翌年、成立させた。

「明白な違憲立法が白昼堂々と成立し、法の支配を教えてきた人間として看過できなかった」と又坂。訴訟を決意し、原告団長を務める。

弁護団長の佐藤芳嗣《よしつぐ》(71)＝上田市＝も戦争の傷痕を見つめてきた一人である。

90年代、日弁連人権擁護委員会の国際人権部会に所属。戦後補償問題の研究に携わり、日本軍による捕虜虐待、女性への性的虐待、住民虐殺をフィリピンで現地調査した。さらにフィリピン人慰安婦、中国人強制連行・労働、中国残留孤児の各国家賠償訴訟の代理人を務めた。

忘れられないのは、元慰安婦への聞き取りで、女性が服を脱いで日本軍による背中の刀傷を見せたことだ。「戦争の傷痕は何十年たっても残る」ことを思い知らされた。又坂から依頼を受け安保訴訟の原告代理人になった理由だ。リンパ腫を患う佐藤は、この訴訟を40年余の弁護活動の総仕上げと位置付ける。

国家賠償訴訟として長野地裁に提起したのは2016年7月。2次提訴分を含め原告は戦争体験者から若者まで362人、代理人弁護団は37人になった。全国では長野を含め22の地裁・支部に集団訴訟が起こされ、原告総数は約7700人に上る。

裁判の焦点は大きく2点。

①集団的自衛権の行使容認や弾薬の提供を含む他国軍への後方支援が憲法9条に違反するかどうか

②憲法前文から導かれる平和的生存権を、裁判所に救済を求めることができる具体的権利と認めるかどうか

集団訴訟ではこれまでに②を認めず、①の判断をしないまま事実上の門前払いにする判決が続いた。

2008年の自衛隊イラク派遣訴訟で名古屋高裁（裁判長・青山邦夫）は9条違反、平和的生存権の具体的権利性ともに認めたが、「現時点では生存権が侵害されたとまでは言えない」として、主文は請求棄却だった。ただ、この場合、勝訴の国は上告できないので違憲判決を確定させるという、原告の

「実質的勝訴」になった。

２０２０年9月の長野地裁第1号法廷。原告6人の本人尋問で又坂は、原告側証人申請をいずれも認めるなどの裁判所の訴訟指揮に敬意を表し、こう結んだ。「是非、憲法判断をお願いしたい」

裁判長の真辺朋子は常に真っすぐ前を向き、陳述する原告を見つめていた。

［長野地裁は２０２１年6月、憲法判断せず「具体的な危険が発生しているとは認められない」と請求を棄却する判決を出した。控訴審の東京高裁も23年5月、同様に棄却。最高裁は24年4月、原告側の上告を退ける決定をした］

第2章 政教分離の原則（20条、89条）

「箕面忠魂碑訴訟」の古川佳子

（20条）

信教の自由は，何人に対してもこれを保障する．いかなる宗教団体も，国から特権を受け，又は政治上の権力を行使してはならない．
②何人も，宗教上の行為，祝典，儀式又は行事に参加することを強制されない．
③国及びその機関は，宗教教育その他いかなる宗教的活動もしてはならない．
（89条）

公金その他の公の財産は，宗教上の組織若しくは団体の使用，便益若しくは維持のため，又は公の支配に属しない慈善，教育若しくは博愛の事業に対し，これを支出し，又はその利用に供してはならない．

津地鎮祭訴訟——神式行事に公金を使ってよいか

２００３年2月、「信念の人」が長女の暮らす長野県穂高町（現安曇野市）の病院で息を引き取った。関口精一、享年87。１９６０年代当時、多くの人が無頓着だった憲法の政教分離原則。この違反を初めて問う裁判を、「変わり者」と呼ばれながらたった一人で起こし、大きな議論を巻き起こした。

三重県津市の市会議員だった関口の元に、津市長から1通の封書が届いたのは１９６５（昭和40）年1月。伊勢湾に程近い船頭町に建設する市立体育館の起工式の案内状だった。

式の形式が気になった関口が担当の市教委社会教育課に尋ねると、神職を呼んで神式で行うとの返事。式次第には、開式の辞に続いて「修祓《しゅうふつ》」（みそぎ）、「降神の儀」、「献饌《けんせん》」（神前に物を供えること）、「祝詞《のりと》奏上」……と神式地鎮祭の儀式が列挙されていた。

さらに、市の予算から６０００円が「供物料」として支出され、神職の労務費などに充てられることも分かった。

憲法は20条3項で、国とその機関（地方自治体を含む）の宗教的活動を禁止。89条で宗教団体への公金支出なども禁じている。憲法をよく勉強していた関口は「明らかに憲法違反」と直感した。

起工式は市教委に確認した日から5日後に迫っており、住民監査請求をしていては間に合わないと考えた関口。行政事件訴訟法で緊急の必要があるときに行える、執行停止の宣言を津地裁に申し立てた。以後12年半に及ぶ裁判闘争の始まりである。

津地裁は申し立てから2日後、「起工式に参列の義務はなく中立人の法律上の利益に関わりがない」とあっさり却下した。その翌日、起工式は当初予定通り開催された。関口は出席し、写真に撮るなど式の様子をつぶさに記録。「宗教法人による宗教儀式そのもので、憲法違反の行政行為であることは明瞭」と、神職に支払った公金の返還を求める住民監査請求をした。

しかし、市監査委員も「起工式は建築の安全を願うための慣習で、宗教活動ではない」と退けた。納得できない関口は、地元の弁護士たちに相談したが、当時は政教分離原則を問う訴訟自体が理解されず、代理人を付けずに本人一人で争う住民訴訟を津地裁に起こした。起工式から2カ月半後の3月末のことである。

「あんたのお父さん、おかしいんじゃない。地鎮祭をやるのは当たり前でしょ」。長女の星野由美子(78)は、周囲からそう言われたことを今も覚えている。「父は何を言われようと、自分が正しいと思うことはたった一人でも行動する人だった」

関口は図書館に通ったり、憲法学の大学教授を訪ねたりして知見を広めていった。

法廷で市側は監査委員と同様、地鎮祭を「宗教活動とは関係のない日本古来の慣習による形式的儀礼」と主張。これに対し、関口は起工式で地鎮祭を執り行った神職を証人申請し、こう尋ねる。

「厳粛な宗教的儀式か、形式的な儀礼か」

神職が答える。

「宗教的儀式、神事である。形式的なものではない」

67年3月の判決は関口の訴えを退ける。

「外見上は神道の宗教的行事に属することは否定できないが、その実態は神道の布教宣伝を目的とする宗教的活動ではなく、習俗的行事である。従って憲法に違反しない」
政教分離に関する初の判決は関口の敗訴に終わる。

少数者の人権尊重、画期的判決

関口は控訴審に向け、名古屋市の弁護士事務所に代理人を依頼した。担当することになったのは弁護士2年目の原山剛三《こうぞう》(81)だった。

原山は戸惑った。当時、政教分離に関する判例はなかった。文献を調べたり、学者の話を聞いたりと「全くの手探りだった」。

名古屋高裁で控訴審が行われていた69年、自民党議員が靖国神社の国家管理を盛り込んだ靖国法案を国会に提出。激しい議論になっていた。東京の弁護士でクリスチャン(キリスト教信者)の今村嗣夫《つぐお》(89)は、法案反対のシンポジウムでしばしば、信教の自由や政教分離原則を侵害すると発言していた。その席で津地鎮祭訴訟を知り、教会仲間の弁護士とともに孤軍奮闘の原山の応援を買って出た。

今村は、熱心に裁判に取り組む関口にこう聞いたことがある。「無宗教者なのになぜ、政教分離原則などに関心を持ったのか」。関口は出身地、北海道の中学時代の原体験を語った。

(国家と神道が結び付いた国家神道体制下にあった)戦時中、近くの神社への集団参拝があった。その時、クリスチャンの女性教師が鳥居をくぐることをためらい、参拝しなかった。とがめられたらしく学校を辞めていった——。

それはまさに今村がその後ライフワークとする「少数者の人権」の問題だった。高裁の法廷で、政教分離違反に加えて初めてこう主張した。

「たとえ少数者であっても宗教的自由、無宗教の自由を保障するのが憲法の人権条項。大部分の国民が神社神道による地鎮祭になじんでいて違和感を抱いていないのだから、この程度は構わないと少数者の訴えを排斥すれば、人権の本質の理解を欠いた態度と言わなければならない」

裁判長の伊藤淳吉《じゅんきち》(96年死去)は東京で、憲法学者や民俗学者らの鑑定人、戦前の宗教弾圧を経験した牧師などの証人の出張尋問を2日間にわたり行うなど積極的な訴訟指揮を執っていた。原告弁護団が証拠提出した多くの書物の関係部分コピーも「全部原本で読みたい」と求めた。

そして71年5月、画期的な違憲判決を言い渡す。朗読が2時間近くに及ぶ長文だった。

伊藤は、地鎮祭の意義、沿革、神社神道の宗教性、信教の自由と政教分離の原則を定めた憲法20条の趣旨と沿革、意義と目的などを「政教分離の教科書」ともいわれるほど詳細に分析。津市が行った地鎮祭が「宗教上の儀式であると同時に、憲法20条3項で禁止する『宗教的活動』に該当する」として、市が神職に支出した公金の返還を命じた。政教分離違反を認めた初めての判決である。

また、今村が主張した「少数者の人権」にも触れ、こう述べた。

国または地方公共団体の宗教的活動が大部分の人の宗教的意識に合致し、公金の支出が少額であっても、許容される筋合いのものではない。なぜなら、残された少数の人は自己の納付した税金を自己の信じない、または反対する宗教の維持発展のために使用されることになり、宗教的少数者の人権が無視されることになるからだ——。

さらに「政教分離の軽微な侵害がやがて精神的自由の重大な侵害になることを恐れなければならない」と警告もしていた。

万一の場合に備えて、今村が懐に忍ばせていた上告状は杞憂《きゆう》だった。だが、市側が上告。舞台は最高裁に移る。

割れた最高裁判決、長官は反対

この訴訟は、靖国神社の国家管理を盛り込んだ法案が国会に提出されたこともあり「ミニ靖国訴訟」として最高裁の初判断に注目が集まった。

関口が「変わり者」と呼ばれながら、たった一人で一審を闘った訴訟は13人の弁護団がつき、「違憲訴訟を守る会」も結成され、名古屋高裁の控訴審勝訴判決の維持に全力を注いだ。

76年の大法廷口頭弁論。弁護団の要の今村は、控訴審に続いて「少数者の人権」を主張の柱の一つに据えた。

「特定の宗教が国や市町村と結び付き、公的に宗教的な儀式を行うことを許すことは、特定の宗教に利益を供与し、国教的存在に近づけることになり、他の宗教を信じたり、特定宗教に反対したりする少数者を異端視し、疎外する圧力になる」

折しもこの日は、35年前に太平洋戦争が開戦した12月8日。今村は、弁論の最後に「(国家と神道が結び付いた)国家神道の指導原理によるこの戦争で、多くの国民の命が失われたことを忘れてはならない」と訴えた。

翌77年７月、徹夜組を含め約３００人の傍聴希望者が列をつくった最高裁。判決は、15人の裁判官の10対５で関口の訴えを退けた。

多数意見は、高裁判決のような「歴史的考察」をあまりしなかった。そして、国及びその機関（地方自治体を含む）の「いかなる」宗教的活動も禁じている憲法20条３項について「国家が宗教との関わり合いを持つことを全く許さないものではない」と緩い解釈を示した。

その上で、禁止される宗教的活動とは「目的が宗教的意義を持ち、その効果が宗教に対する援助、助長、促進または圧迫、干渉等になるような行為」と限定。市が神式地鎮祭を行っても、この基準に照らして憲法違反にならないと結論付けた。

これは「目的効果基準」と呼ばれ、その後の国・自治体の対応や同種裁判に大きな影響を及ぼすことになる。

これに対し５人の裁判官は「（基準は）あいまいで、このように解釈すると、国家と宗教の結び付きを容易に許し、ひいては信教の自由の保障そのものを揺るがすことになりかねない危惧《きぐ》を抱く」と強く反対した。

この判決が異例なのは、裁判長（最高裁長官）の藤林益三《えきぞう》（２００７年死去）が反対意見に回ったことだ。弁護士の今村が訴えた「少数者の人権」に応えるように、こう追加反対意見を述べた。

たとえ、少数者の潔癖感に基づく意見とみられるものがあっても、彼らの宗教や良心の自由に対する侵犯は多数決をもってしても許されない。民主主義を維持する上に不可欠と言うべき精神的自由の人権が存在するからである――。

藤林もまた「少数者」のクリスチャンであった。

反対意見の「危惧」はやがて現実のものとなる。

8年後の85年8月15日。中曽根康弘(2019年死去)は戦後の首相として初めて靖国神社を公式参拝。供花料を公費から支出した。最高裁判決に言う目的効果基準に配慮すれば公式参拝の途《みち》があり得る、とする諮問機関の報告を受けてのことだった。

キリスト教の団体などが一斉に反発したが、中曽根は参拝を終えてこう語った。

「国民の大多数は公式参拝を支持していると信じている」

箕面忠魂碑訴訟——市有地に「忠魂碑」

大阪府北部のベッドタウン箕面《みのお》市。市立西小学校正門の向かい側の市有地に、神社で見かける玉垣と木々に囲まれた大きな石碑が立っている。石積みの台座部分を含め地上からの高さは６・３メートル。表面に刻まれた「忠魂碑」の文字が見下ろしているかのようだ。

「忠魂」とは、天皇に忠義を尽くして死んだ人のたましいのこと。碑は幕末・明治初期の内戦で戦死した地元出身の官軍側兵士らを顕彰、慰霊するため建てられるようになった。昭和の日中戦争などで戦死者が急増、在郷軍人会を中心に建立の動きが全国で活発化した。

敗戦後、ＧＨＱ（連合国軍総司令部）が政府による神社・神道への支援などを禁じる「神道指令」を出すと、忠魂碑は各地で撤去された。だが、占領が終わると続々と再建された。

箕面の忠魂碑は第１次世界大戦が始まった後の１９１６（大正５）年、箕面小学校隣接地に建立。児童は登下校時に拝礼するよう教育された。第２次大戦敗戦後に碑石部分が地中に埋められたが、51（昭和26）年、掘り出されて再建された。

その24年後。児童数増加で箕面小施設を拡張することになり、忠魂碑移設の必要から市は西小前の土地開発公社所有地を約８０００万円で購入。その一部に移設し、碑を管理する市遺族会に土地を無償貸与することにした。

このことを西小近くに住んでいた神坂玲子（2022年死去）が知ったのは、75年8月のことだった。高齢者施設に入居していた玲子に代わり、長男の直樹（57）が当時を証言する。「戦中生まれの母はよく『戦争賛美の碑がくるんや』『天皇制軍国主義の復活や』と言っていました」

玲子は夫の哲《さとし》（86年死去）とともに忠魂碑の調査を進め、母親仲間を誘って移設反対の署名集めを始めた。市教委幹部との交渉では、議会が全会一致で承認したなどとして聞き入れられる余地はなかった。このため「軍国主義の象徴の忠魂碑を市費で移設し、市が土地を無償で貸すなどの便宜を与えるのは平和憲法に反する」として、移設工事の中止などを求める住民監査請求をした。

請求者は13人の連名。この中に長野県大町市出身の小西ちよ（84）がいた。大町市の前身、旧常盤《ときわ》村にも忠魂碑があり、国民学校時代、登下校のたびに皆で気をつけをして頭を下げた。小西は、西小前に碑が再建されれば、また同じことにならないか「嫌な感じ」を持っていた。

小西は監査委員を前にした陳述でこう訴えた。「戦時中と同じものが復活することに強い不信感があります」

しかし、請求は「違法性はない」との理由で棄却される。これに不服の神坂夫婦や小西ら9人は、地方自治法の規定に従って大阪地裁に住民訴訟を起こした。玲子が忠魂碑移設を知ってから半年後の76年2月のことである。

裁判で提出する準備書面の作成は、税理士や司法書士などの資格を持っていた哲が一手に担い、代理人の弁護士をつけない本人訴訟で進められた。元原告たちはこれを「手作り訴訟」と呼ぶ。

市長らを相手にした訴状で求めたのは、忠魂碑の市有地からの撤去、忠魂碑用地とするため市が取得した土地の開発公社への返還、土地代の市への返還など多岐にわたった。ただ、その主な理由は「忠魂碑は全体主義的軍国主義の思想を表現し、国民主権、人権尊重、平和主義の憲法の理念に反する」と抽象的だった。

やがて裁判長の訴訟指揮によって憲法の政教分離原則に焦点化されていく。

政教分離「厳格に解釈」、住民勝訴

この住民訴訟はまだ関心が薄く、大阪地裁法廷の傍聴席はがらがらだった。弁護士をつけない本人訴訟。「支援する会」が発行した訴訟記録集をたどると、原告団の要だった税理士、神坂哲が第1回口頭弁論で意見陳述をしている。

「忠魂碑は天皇に忠義を尽くして戦場で死ぬことを最高の道徳としてたたえ、顕彰する意味がある。これをあらためて担ぎ出すことは、新憲法の平和と民主主義、基本的人権の理想に明らかに反している」

「反憲法性」という原告の主張が抽象的と考えたのか、裁判長の古崎慶長《こさきよしなが》は裁判の途中で忠魂碑の宗教性を立証するよう指示した。つまり、憲法20条3項(政教分離原則)違反の有無に焦点化しようとしたのである。

神坂が頼ったのは、宗教学者、村上重良《しげよし》(91年死去)だった。村上は東大文学部の宗教学宗教史学科を卒業。戦前の軍国主義・天皇崇拝の思想的基盤となった国家神道を主に研究し、多くの著書がある。81年9月、出張尋問が行われた東京地裁の法廷。村上は箕面の現地を見学した上で鑑定証人として出廷した。全国にある忠魂碑の沿革を詳述した後、こんなやりとりがあった。質問するのは神坂である。

——本件忠魂碑の宗教的性格の有無は。

「そのありさま、その前で行われる祭祀《さいし》と併せて考えると、これは記念物としてとらえるよりも宗教施設に類するものととらえる方が実体に近い」

具体的には▽神霊のしるしである「霊璽《れいじ》」が内蔵されている▽碑を移設する際に普通の石碑では考えられない「脱魂」「入魂」が行われている▽敷地に祭祀の場が提供され、忠魂碑と宗教儀式が一体化している——などを挙げた。

——靖国神社、護国神社との関係は。

「忠魂碑は事実上、靖国神社、招魂社（護国神社の前身）と共通する祭神を（地域で）慰霊、顕彰するわけで、内容的には一貫していると考えられる」

裁判の最終盤、裁判長の古崎は箕面の忠魂碑を視察した。この時、立ち会った原告の1人、古川佳《よし》子《こ》(94)は、古崎がこうつぶやいたのを今でも鮮明に覚えている。

「ここに鳥居を建てたら、忠魂碑神社やな」

判決はそれから3カ月余後の82年3月に言い渡された。

古崎は忠魂碑を「宗教上の観念に基づく礼拝の対象物となっており、宗教施設であるというほかはない」と指摘。市による市有地への碑の移設やその土地の市遺族会への無償貸与が、公の機関の宗教的活動を禁じた憲法20条3項、宗教活動に対する公の財産の支出、利用を禁じた憲法89条のいずれにも違反すると断じた。箕面市長に対し、忠魂碑の除去や敷地の返還を遺族会に請求することなどを命じた。戦中派の主婦を中心とした原告団のほぼ完全勝訴だった。

判決の中で古崎は、憲法の政教分離原則の適用についてこう付言している。

「この原則を根付かせるためには、厳格に解して貫き通さなければ、画餅《がべい》(絵に描いた餅)に等しい」

判決を法廷で聞いた小西ちよ。その時の心境を振り返って言う。

「本当に筋が通っていると思った」

緩い解釈で住民敗訴「9条と同じ道」

住民訴訟は82年、舞台を大阪高裁の控訴審に移した。

一審の違憲判決で全国の注目を集めるようになり、原告団の要の神坂哲は素人だけでは荷が重いと、弁護士を選任する。選ばれたのは当時、冤罪《えんざい》事件の八海《やかい》事件などを手掛けていた熊野勝之(82)だった。

戦時中に高松市で生まれた熊野は敗戦間際の45年7月、空襲で落とされた焼夷《しょうい》弾による火の海を逃げ惑い、黒焦げになった遺体を何体も見た少年時代の記憶が今も鮮明だ。東大に進学し、憲法は9条を中心に研究する小林直樹の講義を受けた。

そんな熊野を団長に6人の弁護団が結成され、一審判決維持のため主張の補強に全力を注いだ。その一つが「国のために死んだ人を国や自治体が祭って何が悪いのか」という市側や世間にあった批判に反論することだった。

証人として法廷に呼んだ、戦没者の遺児で津田塾大教授(哲学)の三浦永光は、熊野の尋問にこう答えた。

「国が勝手に戦争を起こして多くの人々を戦場に駆り立て死なせた。（国が祭ることは）そういう事実と責任を隠して、遺族の怒りを鎮める役割しか果たしていない」

控訴審も終盤に差しかかった86年1月、神坂は持病の気管支ぜんそくが悪化して亡くなる。享年55。その遺志を継いで原告補助参加人になったのが大学生だった長男直樹（57）である。それ以前から東京の国会図書館や防衛庁（当時）などに哲と出向き、調べ物を手伝っていた。直樹は91年、司法試験に合格。裁判官を志願するが任官を拒否される。訴訟に加わったことなどが理由とみられる。

直樹は熊野がよく「憲法の政教分離原則は、戦争防止規定だ」と言っていたのを覚えている。熊野はその意味をこう説明する。

戦争を起こせば、戦意を失わせないために国が戦死者をたたえ、神として祭る装置が必要になる。それがかつての国家神道だった。だからそういう装置をつくらせず戦争ができないようにする――。

87年7月、大阪高裁は住民側の逆転敗訴となる判決を言い渡した。一審大阪地裁が「宗教施設」とした忠魂碑は「単なる記念碑」、「宗教儀式」とした神式や仏式の慰霊祭を「民間習俗、社会的儀礼」と覆し、忠魂碑を市有地に移設したり、碑の前の慰霊祭に参列したりした市側の行為は違憲ではないと判示した。

そして93年2月の最高裁判決も高裁判決を支持して住民側の上告を棄却。住民の17年間に及ぶ法廷闘争は敗訴が確定する。

両判決に共通して登場するのが「目的効果基準」だ。これは、憲法20条3項が国や自治体の「いかなる」宗教的活動も禁止しているにもかかわらず、「国家が宗教との関わり合いを持つことを全く許さないものではない」と緩く解釈することを前提にする。

その上で、目的が宗教的意義を持ち、効果が宗教に対する援助、助長などにならない限り認められる——というものだ。初の政教分離裁判となった津地鎮祭訴訟の最高裁判決多数意見が示した。

熊野は今、戦争放棄、戦力不保持の憲法9条がたどった道と重ね合わせて見ている。

「9条の解釈を緩めるだけ緩めて自衛隊が海外に出て行ったり、他国軍の後方支援までできるようになったりしたのと同様に、20条も緩められて戦争防止機能を失ってきた」

愛媛玉串料訴訟――公費で靖国神社に「玉串料」支出

愛媛県松山市の寺で住職を務めていた安西賢二(74)＝法名・賢誠《けんじょう》＝は1977(昭和52)年に父の後を継いで間もないころ、自らの属する真宗大谷派の戦争協力を実感することになる。

自坊の戦時中の過去帳をめくっていた時だ。「忠烈院」「忠勲院」「尽忠院」……。戦死者には、天皇に忠義を尽くして死んだことをたたえる「軍人院号」が冠されているのを見つけた。「教団(真宗大谷派)が侵略戦争を『聖戦』と呼び、国家神道と一体化していた証し」と安西はみる。

愛媛県など7県が靖国神社の例大祭に玉串料などとして公費支出をしている。護国神社にも同様に公費支出がある――。

そんな趣旨の共同通信記事が配信されたのは82年1月。玉串とは、サカキの枝に木綿《ゆう》または紙を付けて神前にささげるもの。愛媛の場合、年額で靖国神社例大祭に1万円、みたま祭に7000円、護国神社には遺族会を通じて2万円を支出していた。

自治省(当時)は、憲法上問題があるとして指導し、各県が中止したが、愛媛県の当時の知事、白石春樹(97年死去)は同県遺族会35周年記念式典で「(玉串料の公費支出は)当然すべきこと。私が知事である限り、ささやかな玉串奉てんと県護国神社祭礼への参画は行う」と表明した(82年1月30日付日刊新愛媛)。

国家神道の中心的存在だった靖国神社とその地方版である護国神社。安西は、戦争責任を負っている真宗の僧侶として、国家（自治体）が再び神道に結び付く動きを見逃すことはできなかった。

それ以前から、靖国神社の国家管理を盛り込んだ法案に対抗する市民団体「靖国の国家護持に反対する愛媛県民の会」の設立準備が安西も加わって進んでおり、急きょ立ち上げ、県に住民監査請求した。玉串料などの公金支出は憲法の20条（政教分離原則）、89条（宗教団体への公金支出の禁止）に違反するとして知事に返還を求める内容である。

2カ月後、監査委は請求を却下する。その理由に採用されたのが、5年前の77年に出された津地鎮祭訴訟の最高裁判決多数意見だった。

これは、憲法の政教分離規定について「国家が宗教との関わり合いを持つことを全く許さないものではない」という「限定分離説」に立つ。その上で宗教との関わり合いの目的と効果で相当とされる限度を超える場合に許されないという「目的効果基準」を示している。「いかなる宗教的活動」も禁止した憲法の解釈を緩めた判決である。

監査委は、玉串料支出の目的が「戦没者の慰霊、遺族の慰藉《いしゃ》（慰めいたわること）」であり、効果も「神道を援助、助長、促進などするものではない」から憲法に反しないと結論づけた。この理屈は県側がその後の裁判でも一貫して主張することになる。

県民の会の10人はほどなく、安西を原告団長とする住民訴訟を松山地裁に起こした。安西は常に法《ほう》衣《え》をまとって出廷した。「仏教者も戦争に翼賛した。だが今は違うぞという意思表示だった」

訴訟を支援する会も結成された。その事務局を務めたのが長野市出身で、松山市の法律事務所職員だった北村親雄《ちかお》だった。裁判のニュースを発行したり、裁判記録集を作ったりと、訴訟の意義を広く伝えることに奔走した。

北村は回想する。「多大な犠牲を出した戦争を反省して憲法に政教分離規定が盛られた。逆戻りするようなことは決して許されないという思いだった」

その認識は、ある憲法学者が法廷で証言して具体化させることになる。

神社への公金支出、初の違憲判決

この訴訟で前段の住民監査請求を含めて主導したのは、原告弁護団の事務局長を務めた草薙《くさなぎ》順一(81)である。

太平洋戦争開戦前年の40年に香川県で生まれた草薙は、市街地のほとんどが焦土と化した高松空襲を子どものころ目撃。原告団、弁護団の中でも数少ない戦争体験者だった。クリスチャンでもあり、69年に国会提出された靖国神社国家護持法案に反対する活動も進めていた。

その草薙が裁判に当たって理論面で頼ったのが、政教分離に詳しい東京大名誉教授(憲法)の高柳信一(2004年死去)だった。草薙は仲間の弁護士とともに東京の高柳宅を尋ね、原告側証人としての出廷を要請した。

86年1月の第16回口頭弁論。高柳は松山地裁の法廷に立っていた。原告側の尋問に対し、信教の自由と政教分離原則の成り立ちや意義について米国判例を交えながらとうとうと述べ、「裁判官も含めみんな大学の講義を拝聴するような態度だった」と草薙。

1921年生まれの高柳が証言の終盤で、自身も出征し多くの同僚を失った戦争体験を基に語る場面があった。

戦争に反対し、抗命罪(命令に服従しない罪)に問われたり、戦線を離れたりして処刑された者がいくらでも同世代にいる。(靖国神社は)そういう者の霊は慰めないで、愛国的戦死者といわれる者だけを慰めるという選択をしている――。

これは、天皇に忠義を尽くしたとされる戦死者のみを「英霊」として祭る靖国神社の性質を明らかにしたものだ。

その上で高柳は「特定の宗教法人のイデオロギーや教義に従った慰め方をするのは、(中略)まさに宗教的であって、(玉串料を支出している県側が主張するような)世俗的ではない」と証言を締めくくった。

安西の目には、裁判長の山下和明が身を乗り出して聴いているように映った。草薙は「これで勝った」と確信した。

3年後の89年3月。判決は、山下が転任したため別の裁判長が代読した。主文は、87年に愛媛県知事を引退するまで玉串料などの公費支出を続けた白石春樹(97年死去)に全額の返還を命じ、草薙が予想した通り原告全面勝訴となった。

明治維新以来、国家と神道が結び付き、国民に神社への礼拝を強要したり、国家神道と矛盾する宗教が迫害されたりするなど種々の弊害を生んだ。このことから、今の憲法に信教の自由と政教分離原則の規定が設けられた――。山下は判決理由の中に、こうした歴史を書き込んでいた。

そして、憲法が禁じる宗教的活動かどうかを判断する物差しとして、国や自治体が行った行為の目的と効果を見るという津地鎮祭訴訟最高裁判決の「目的効果基準」を採用。靖国神社への玉串料、護国神社への供物料いずれの公金支出も「目的」は、祭神に畏敬崇拝の念を表する面があり、宗教的意義を持つ。「効果」は、県と両神社との結び付きを象徴し、神社の宗教活動を援助、助長、促進する。こう結論付けた。

神社への公金支出を巡る初の違憲判決。傍聴席が満席になった法廷で原告住民らは肩をたたき合ったり、小躍りしたりして喜んだ。

しかし、それから3年後。「目的効果基準」という物差しの不確かさが浮き彫りになる。

最高裁初の違憲判決

一審松山地裁判決は1992(平成4)年5月、控訴審の高松高裁でひっくり返され、合憲とされる。その判決理由は、草薙順一に言わせると「びっくり仰天」だった。

国や自治体の行為が、憲法が禁じる宗教的活動に当たるかどうかを、その目的と効果で判断する「目的効果基準」。77年に最高裁判決が示したこの物差しを高裁も使った。だが、地裁が「宗教的意義を持つ」とした目的は「知事が有力支持団体の県遺族会の要請に応えた政治活動」、「県と両神社との結び付きを象徴する」とした効果は「少額で社会的儀礼の程度。神社神道の援助、助長、促進などにならない」と正反対の判断だった。

「請求を棄却する」。裁判長の高木積夫は主文を朗読しただけで閉廷。傍聴席から「そんなばかな」との声が上がった。高裁の周辺には右翼団体が集結。原告団に対して街宣車で「国賊」などと叫んでおり、原告団長の安西らは裏口から退出。異様な雰囲気に包まれた。

5年後の97年4月。草薙や安西らは最高裁の大法廷にいた。提訴から15年。最後の審判を前に、クリスチャンの草薙は戦前の国家神道体制下で投獄されたり、獄死したりしたクリスチャンらが脳裏に浮かんでいた。高裁判決を破棄するとの判決主文が読み上げられた瞬間、安堵《あんど》感が全身を覆った。

政教分離問題で最高裁が初めて違憲と判断した画期的な判決となった。しかも15人の裁判官の圧倒的多数の13人の判断だった(裁判長三好達《とおる》ら2人は合憲判断)。

判決はやはり、目的効果基準を採用。県が特定の宗教団体の挙行する重要な祭祀《さいし》に関わりを持ったことが明らかで、「目的」は宗教的意義を持ち、「効果」は特定の宗教に対する援助、助長、促進になる――と、今度は一審松山地裁の判決を全面的に支持し高松高裁判決を「解釈の誤り」と退けた。

判決の中で最高裁は、閣僚の靖国神社公式参拝や長野県知事が護国神社を支援する崇敬者会の会長を務めたことにも当てはまる重要な問題を二つ指摘している。

一つは「一般人に対して県が特定の宗教団体を特別に支援しており、他の宗教団体とは異なる特別のものとの印象を与え、特定の宗教への関心を呼び起こす」と、一般人が抱く「印象」や「関心」も違憲性の判断材料にしたこと。もう一つは「戦没者の慰霊、遺族の慰謝自体は、特定の宗教と特別の関わり合いを持つ形でなくても行うことができる」と戒めたことだ。

判決には課題も残った。「えひめ玉串料訴訟を支援する会」の事務局を務め、大法廷判決も傍聴した北村親雄は、裁判官高橋久子(2013年死去)の個別意見に着目する。労働省(現厚労省)出身で女性として初の最高裁判事になった高橋は、違憲の結論ながらも「目的効果基準」に次のような強い疑問を投げかけた。

何をどのように評価するか明らかではない目盛りのない物差し。だから、この基準で同じ事実を認定しながら結論が異なる判決が少なくない。このようなあいまいな基準で憲法が禁じる宗教的活動を限定的に解することは、国家と宗教との結び付きを許す範囲をいつの間にか拡大させ、ひいては信教の自由も脅かされる可能性がある——。

北村は、高橋が求めた「国家と宗教の完全分離」こそが「憲法の本来の趣旨ではないか」と振り返る。

それは、同じ長野県出身の憲法学者、芦部信喜が中曽根内閣時代の諮問機関「閣僚の靖国神社参拝問題に関する懇談会」で一貫して公式参拝に反対した意見と重なる。

空知太神社訴訟——市有地に「天照大神」を祭る

北海道中部、石狩川と空知川に抱かれるように位置する砂川市。札幌と旭川を結び市を南北に貫く国道12号沿いにある空知太《そらちぶと》神社は、やや奇妙な施設配置だった。

国道に面して鳥居と「地神宮《ちじんぐう》」と刻まれた石碑が並び立ち、鳥居をくぐった先には平屋の建物がある。玄関が2カ所あり、外壁上部に右側は「神社」、左側は「空知太会館」と記されていた。「神社」の玄関から真っすぐ進むと、天照大神《あまてらすおおみかみ》を祭る小さなほこらが設置され、「会館」の玄関から入ると机やいす、黒板などを備えた住民集会所になっていた。

教員だった近くの谷内栄《さかえ》(90)は、その神社の前を通って勤務先の中学校に通っていた。退職後の1990年代、市役所への用事のついでに気になっていたことを聞いてみた。

「あの神社の敷地は地区の人たちの土地なんでしょ」

返ってきた若い担当職員の言葉に谷内は耳を疑った。

「違いますよ。あれは市の土地です」

「うそでしょ」と言う谷内に地図を持ってきた職員は「あなた、先生だからこれを見たら分かるっしょ」

「したら(市有地の)空いた所に神社建ててもいいんですか。教会建ててもいいんですか」。畳み掛ける谷内に職員は「言われてみれば変ですね」と答えるしかなかった。

1930(昭和5)年生まれの谷内は、子ども時代を軍国主義とともに過ごした。天皇のために一命をささげることが日本人の本懐と信じ込まされ、兵隊となって死ぬつもりだった。そういう思想を支えていたのが天皇を現人神《あらひとがみ》とする国家神道で、度々学校挙げての神社参拝が行われた。満州(中国東北部)で戦死した次兄は「英霊」として靖国神社に祭られた。

敗戦から2年後の1947年、ある牧師との出会いが谷内を変えた。これまで信じて疑わなかった世界観とは別の世界観を知り、戦前の教育にだまされていたことに気づいた。キリスト教に入信。この年に施行された新憲法に基づいて平和の尊さと真実を教えようと教員になった。

国家と神道が結び付いて国民を戦争に駆り立てた反省から、憲法は国(地方自治体を含む)が宗教団体に特権を与えたり、宗教的活動をしたりすることを禁じている(20条)。この政教分離原則を財政面で裏付けるため、宗教上の組織の便益などに公金の支出、公の財産を利用させることも禁止する(89条)。

市有地が神社用地として提供され、市長らが参拝していることを谷内は見過ごすことができなかった。「明らかな政教分離違反」として、市長に改善を求める要望書を提出したり、住民監査請求をしたりする活動を始めた。

谷内と行動を共にしたのが市内の高橋政義(2011年死去)である。

高橋には日中戦争での強烈な加害体験があった。「天皇の軍隊の一員として中国人民を殺し、家を焼き、ものを奪った」(札幌地裁での口頭陳述)。ソ連軍の捕虜になりシベリア抑留の後、中国の戦犯収容所に移された。帰国したのは終戦から11年後だった。

戦後、自らの罪を深く反省するとともに、国家神道の下で「聖戦」とだまされていたことを憤った。

真実を伝えようと中学校や高校で戦争体験の「語り部」の活動を進めていた。

市有地からの神社の撤去に応じない市。政教分離への思いを共有する2人は、ある時は腰まで雪につかりながら巻き尺で神社の面積を測り、ある時は法務局や市税務課に出向いて土地使用の実態を調べ、憲法違反を問う訴訟へと向かっていく。

最高裁「基準」使わず違憲

2人は2004年3月、憲法の政教分離違反として札幌地裁に提訴した。求めたのは、市が町内会に対し無償貸借契約を解除せず、神社撤去も請求しないことの違法確認である。

なぜ市有地に神社があるのか――。その経緯は複雑だ。

開拓に入った人たちが1892(明治25)年ころ、五穀豊穣《ほうじょう》を祈願してほこらを建てたのが起源。その11年後、隣接地に尋常小学校が建てられた。終戦後の1948(昭和23)年、校舎の増設などのため神社の移設が必要になり、地区の住民が現在の敷地を提供し、移された。

その後、土地は砂川町(現砂川市)に寄付され、議会が住民に無償使用させる議決をしたのが問題の始まりと言える。70年、町内会の前身組織が市の補助で同じ土地に住民集会場「空知太会館」を建設。これに伴い、ほこらはこの建物内に収められ、建物手前に鳥居が新設された。参拝は鳥居をくぐった後、建物に入る形になった。

裁判で市側が反論のよりどころにしたのは、最高裁が77年、津地鎮祭訴訟判決で示した憲法判断の物差し「目的効果基準」。会館ができたことで宗教性が薄れ、無償使用させる「目的」は世俗的なものになった。ほこらは普段人目に触れず、特定宗教を援助、助長させる「効果」もない――。こんな市側の主張を札幌地裁は2006年の判決で次のように一蹴した。

空知太神社の沿革、外形、用途に照らすと明らかに宗教施設で「目的」に宗教的意義があり、特定宗教に特別の便宜を与え、援助、助長させる「効果」を持つ。国や自治体の宗教活動を禁じた憲法20条に違反し、公の財産を宗教上の組織に利用させることを禁止した89条にも違反する――。

原告2人の代理人を高裁まで1人で務めた弁護士、石田明義(69)＝札幌市＝は全面勝訴の要因をこう振り返る。「公有地の神社は各地にあり、習俗という見方もあった。裁判所が現地の検証に乗り出したことで宗教性の認識が共有された」

翌年の札幌高裁判決も一審の違憲判断を支持。市側の上告で舞台は最高裁に移った。

2010年1月の大法廷判決もやはり「違憲」。

だが、その導き方は一、二審と違った。「宗教的施設の性格、経緯、一般人の評価など諸般の事情を考慮し、社会通念に照らして総合的に判断する」。これまで最高裁が一貫して用いてきた「目的効果基準」を使わなかった。その理由は判事、藤田宙靖《ときやす》の「神社が宗教施設で、そこでの行事も宗教的であることは明らか。目的効果基準適用以前の問題」という補足意見に見て取れる。

大法廷14人(1人死去)の判事の中に、長野県伊那市出身の那須弘平(79)＝現弁護士＝がいた。那須は「違憲」の多数意見に加わった。取材に対し、判決内容について語ることはできないとしながら「妥当なところに落ち着いたと思っている」と話す。

ただ、最高裁判決は「神社を撤去すれば氏子の信教の自由に不利益がある」として、違憲性を解消する他の手段がないか審理するよう高裁に差し戻した。市側は解消策として、空知太会館内のほこらを取り出して鳥居のすぐ近くに移し、その一画52平方メートルを年約3万5000円で氏子総代に貸すことなどを提案。「便益」がなくなると高裁、最高裁とも認め、提訴から8年かかった裁判は終結した。

谷内は納得しない。市が「便益」を与えてきた過去の賃料はどう清算するのか――。国家と神道が結び付いて国民を戦争に駆り立てた。その反省から今の憲法は徹底した政教の分離を求める。だが、長野県知事が繰り返し護国神社への寄付を呼び掛けるなど「公」と宗教の関わりが各地に残り、あいまいにされている現実。憲法に刻まれた負の歴史が忘れられていないか。「闘いはまだ終わっていない」。谷内が絞り出した言葉が重かった。

〔谷内氏はこの取材から半年後の2021年12月、91年の生涯を閉じた〕

第3章　生存権（25条）

「朝日訴訟」の人間裁判の碑

（25条）
すべて国民は，健康で文化的な最低限度の生活を営む権利を有する．
②国は，すべての生活部面について，社会福祉，社会保障及び公衆衛生の向上及び増進に努めなければならない．

朝日訴訟――「人間らしく生きる権利」を求めて

岡山県の岡山市と倉敷市に挟まれた小さな町、早島町。その郊外、「王山」と呼ばれる小高い丘の麓に、朝日茂(1964年死去)の書「人間裁判」を刻んだ高さ2・5メートルの石碑が立つ。訪れた2021年8月中旬、背後で生い茂る木々の枝が迫り、せみ時雨に包まれていた。

碑は作家の松本清張らが世話人になり、寄付を募って1968(昭和43)年に建立。憲法の生存権を基に人間らしい生活を求めた朝日の壮絶な闘いを今に伝える。

碑が立つ場所から、うっそうとした森の中の「地獄坂」を登った先に、県立結核療養所「早島光風園」(戦後、国立に移管)があった。会社勤めをしていた朝日が発病し、入院したのは戦時中の42年、28歳の時だった。

当時「不治の病」といわれた結核は、栄養摂取が大事だったが、朝食たくあん2切れ、塩昆布少々といった具合で、栄養失調などで入院患者が次々と亡くなっていった。霊安室のお供えの盛り飯がなくなることもたびたびだった。戦後も食糧難から米粒がほとんどないかゆ1杯が1食だった。

朝日はこんな短歌を残している。

〈病める身を　養うに足らぬ給食にて　今日も死にたり　一人の療友《とも》は〉

敗戦後、新憲法25条に基づき現行の生活保護法が1950年に施行された。しかし、保護基準は低く、朝日のような入院患者が日用品に充てる生活扶助は月600円(1日20円)。その内訳は、肌着が

2年に1着、パンツが年1枚、ちり紙年12束……。寝汗で着替えを何枚も必要とし、血痰《けったん》でちり紙を大量に使う結核患者には、まったく足りなかった。給食のほかに卵、果物などの栄養補助も必要だったが、その費用は扶助に含まれていなかった。

1954年に自衛隊が発足、防衛費が増大し、社会保障費の抑制が図られた。朝日の出身地、同県津山市の福祉事務所は扶養義務者調査をし、朝日の唯一の肉親で、長い間音信不通だった兄が宮崎県にいるのを突き止めた。そして月3000円を朝日に送金するよう求めた。満州(中国東北部)から無一物で引き揚げ、妻と子ども4人を養っていた兄の生活は苦しく、半額の1500円の仕送りを承諾した。

すると、朝日の生活扶助は打ち切られて600円は自己負担になり、差し引いた900円は入院費の一部負担として国庫に納入されることになった。朝日は手記『人間裁判』(大月書店刊)でこう嘆いている。

「重症の弟に栄養品の一つも食べさせようと思い……、無理して送金してくれる千五百円を……血も涙もないむごい仕打ちではないか」

泣き寝入りはしないと、朝日は生活保護法などを研究し、一人で岡山県知事に対し保護変更決定の不服申し立てをした。求めたのは、重症の場合、栄養補助食の費用を扶助で認めてもらうことだ。却下されると、厚生大臣に不服を申し立て、これも「補食が絶対不可欠ではない」と却下の裁決だった。「自分だけの問題ではない」。朝日が行政訴訟を起こす決意を固めたのは57年のことだ。

朝日を支援する日本患者同盟は、東京の法律事務所に訴訟代理人を依頼。中心的に担うことになったのは弁護士2年目の新井章《あきら》(90)だった。

生活保護に関する訴訟は例がない上、当時は国の側に立った判決を出す裁判官が多かった。周囲の弁護士は「勝てる見込みは薄い」とみていた。

それでも「生活保護の実態について世間の目を向けさせるきっかけになる。良心的な裁判官に当たれば、入院患者の役に立つ判決を引き出せるかもしれない、という期待があった」と新井は振り返る。

その期待は裏切られなかった。

病床の患者を尋問、画期的判決に

朝日が、厚生大臣に生活保護変更決定の取り消しを求めて訴訟を起こしたのは57年8月。訴状は被告側の所在地を管轄する東京地裁に提出した。

高度成長が始まった時代。しかし、草創期の生活保護の基準は「魚は骨まで食い、野菜も根まで食べることで、はじめて必要熱量が確保できる」(副田義也著『生活保護制度の社会史』)という低水準にとどまっていた。

生活保護のあり方を初めて問う裁判の主な争点は二つあった。一つは肌着が2年に1着といった算定で決められた月額600円の生活扶助で、憲法25条が保障する「健康で文化的な最低限度の生活」が維持できるのか。もう一つは、朝日のように重症患者の場合、給食のほかに栄養補給の食品が必要か。

58年12月の第8回口頭弁論で朝日側と国側の証人がぶつかった。

国側の社会保障制度審議委員で早稲田大教授の末高信《まこと》(89年死去)は次のように証言、朝日側のひんしゅくを買った。

「ちり紙も使えないで、わらとかそのほかいろんな物で用を足している階層がまだ非常に多い。(朝日のように)歯ブラシ、歯磨き(粉)が使えるなら、文化的水準において保護を行っていると考えなければならない」

これに対し、朝日側の医療ケースワーカー児島美都子《みつこ》(97)は勤務する都内の病院で行った入院患者75人の調査を基に証言。例えば、ちり紙の月使用量は平均3・3束で、朝日のようにたんや喀血《かっけつ》が多い結核患者が月1束の算定では到底足りない――などと具体的に指摘した。その上で文化的な活動の費用なども加えると「月額千円以上が必要」と訴えた。

当時、34歳だった児島は現在、日本福祉大名誉教授。「国側の証人は学者や役人が多く、実際に患者に接している者として現実を知ってもらいたかった」と、記憶をたぐり寄せるように語る。

「現実を」の声に応えるように、裁判長の浅沼武(1981年死去)は岡山療養所の現場検証と出張尋問に踏み切った。浅沼を含め3人の裁判官が訪れたのは59年7月の3日間。炊事場から風呂場、便所、軽症、重症、小児の各病棟などを見て回り、療養所内に特設した法廷で証人尋問に臨んだ。

「同じ病棟で月平均1人は死ぬ。その肌着をもらって着ている。今、着ているのもそうだ」。患者たちの証言は衝撃的だった。肌着は2年に1着という生活保護の算定基準がいかに現実離れしているかを物語っていた。

最後に、病状が悪化して体を横たえたままの朝日のベッドを裁判官、弁護士、国側代理人が囲んで尋問した。看護婦に脈を取られながら朝日はこれまでのいきさつや病状、患者生活の実情を証言。「毎日血たんが出ているので新鮮な野菜、ビタミンCの補給が必要です」などと訴えた。

45分間の臨床尋問を終えると浅沼は「裁判のことは今は何とも言えませんが、一生懸命療養して早く良くなってください」と声をかけ、病室を後にした。

それから1年3カ月後の60年10月。浅沼は判決を言い渡す。「主文　被告（厚生大臣）が（生活保護変更決定に対する朝日の不服申し立てを）却下した裁決を取り消す」。月600円の生活扶助では『健康で文化的な生活水準』を維持できない」と朝日を勝訴に導いた。

判決理由では、憲法25条を「単に辛うじて生物としての生存を維持できる程度のものであるはずはなく、必ずや『人間に値する生存』『人間としての生活』を可能にする程度のものでなければならない」と解釈。「最低限度の水準は決して予算の有無によって決定されるものではなく、むしろこれ（予算）を指導支配すべきものである」とまで言い切った。

これは生存権訴訟の画期的判決として長く語り継がれることになる。

「闘いを伝える」高校生の手紙

朝日の一審勝訴は、つかの間の喜びだった。

国側の控訴を受けた東京高裁は3年後の63年11月、一審判決を取り消し、朝日の請求を棄却する。「日用品費の基準が低額であることは否定できない」と認めながらも「現実無視の架空な額を掲げた違法なものとは断定できない」と、煮え切らない判決理由だった。

このころ、朝日の容体は悪化。喀血を繰り返し、衰弱していた。報道陣の取材には「何年かかろうと最後の勝利を得るまで闘い抜く」と気丈に決意を語ったが、支援者仲間には「(最高裁判決まで)これから3年、生き続けにゃならんかと思うと、しんどいんじゃ」と漏らした(『朝日訴訟運動史』)。

翌64年2月13日、朝日は危篤状態になる。訴訟を継続するためには、身寄りのない朝日の養子縁組が必要とされた。朝日を支援する日本患者同盟は、手を挙げた常任幹事の中でも若い小林健二(2015年死去)と、快諾した妻君子(2018年死去)に朝日の後を継がせることを決めた。小林はその日の夜行列車で東京から岡山に向かい、翌14日夕、朝日の故郷、津山市役所で手続きを終えた。

その2時間後、朝日は息を引き取った。享年50。「地獄坂」を登り療養所に入院して22年目だった。

憲法に基づいて人間らしく生きる権利を訴え続けた朝日の失意の死は、最高裁判決に向けて支援の輪をさらに広げた。街頭で署名やカンパを集める「朝日訴訟を守る会」は全国で200団体を超え、訴訟勝利や社会保障拡充などを求める「大行進」も北海道から鹿児島まで行われた。

〈拝啓　ここ伊那谷にも秋の香がほのかに漂ってきたようでございます〉

「妙子」という長野県の高校3年生が訴訟の対策委員会に宛てた手紙2通をNPO「朝日訴訟の会」(岡山市)が保管している。

1通目は、9月の文化祭で署名を集めるので2000人が記入できる用紙の発送を求めた。2通目は「私たちも受験勉強の合間合間に、一人でも多くの人に『朝日訴訟』を知ってもらうよう努力すると共に、訴訟最後の闘いを皆に伝える」とつづっている。

その「最後の闘い」の舞台となった最高裁。67年5月、裁判所の外に千人近い支援者が集まる中、大法廷で判決が言い渡された。「主文　本件訴訟は、上告人（朝日茂）の死亡によって終了した」

10年に及ぶ裁判闘争は、10秒の言い渡しで終わった。茂の養子になった朝日健二は退廷する判事たちの背に向かって「不当だ」と叫んだ。傍聴人のすすり泣きが漏れた。

「生活保護を受ける権利は当該個人に与えられた一身専属のもので、相続の対象になりえない。訴訟を承継する余地はない」というのが判決理由。門前払いだが、「念のため」として「日用品費を足りるとした厚生大臣の認定判断が裁量権を超え違法だとは断定できない」と付け加えた。

関与した13人の判事のうち9人の多数意見。行政法学者の田中二郎（82年死去）ら4人は「厚生大臣の定めた基準と適正な基準との差額の返還請求として承継できる」などと反対した。田中は「生活保護のより適切な運用について政府が反省し、国民の強い要請に応える」ことを求めた。

敗訴に終わったものの朝日の闘いは無駄ではなかった。提訴をきっかけに生活保護基準は改善が図られ、日用品費600円は5年で約2倍になった。国民の側も「人間らしく生きる権利が国民の全てに保障され、国はその実現を恩恵ではなく義務として果たすべき立場にあるということを認識した」。この訴訟を「人間裁判」と名付けた代理人弁護士の新井は、闘争の成果をそう回顧した。

堀木訴訟――障害者の貧困と差別

母親が障害福祉年金を受けていると、なぜ子どものための児童扶養手当が支給されないのか――。全盲の女性の素朴な疑問がやがて憲法裁判になり、県や国を動かしていく。

堀木フミ子(通称・文子)は1919(大正8)年、鹿児島県のトカラ列島の一つ、中之島で生まれた。3歳で天然痘とみられる感染症にかかった。島に医者はおらず、母子家庭で鹿児島市の病院に行く余裕もなく、治療を受けられないまま失明した。

14歳の時に母が亡くなり、再婚していた父を頼って神戸に渡ったが、住み込みでマッサージ師の弟子に出された。戦争中に結婚。空襲で2回焼け出された上、夫も病に倒れ、どん底の生活に。戦後、2度の離婚を経て2人の子どもを育てながらマッサージ業を営んでいた。目が見えないことをいいことに料金を踏み倒す客もいて生活は苦しかった。

1962(昭和37)年、母子家庭などを対象にした児童扶養手当法が施行される。5年後にようやく知った堀木は子どもの下着を買う足しにしたいと、福祉事務所で手当(月2100円)を申請しようとしたが窓口で拒否された。これが15年に及ぶ闘争の始まりである。

当時の手当法には不支給の要件にこんな規定があった。

〈公的年金給付を受けることができるとき〉

堀木は障害福祉年金(月2900円)を受給しており、不支給に該当した。その後、母親が健常者で、父親が全盲のため障害福祉年金を受けている場合、規定に基づき母子家庭とみなして児童扶養手当が支給されていることを聞き、不公平感を募らせた。

加入する「兵庫視力障害者を守る会」に相談、仲間の協力で堀木は改めて手当を申請、却下されると兵庫県知事に異議を申し立てた。だが「手当の支給要件を欠く」と型通りの理由で棄却された。

堀木が支援者とともに市内の法律事務所を訪ねたのは70年6月のことだ。その前にベテラン弁護士に相談し「裁判にして勝てる見込みはない」と言われていた。

応対したのは弁護士になって3年目の藤原精吾(80)。藤原も子どもの頃、神戸空襲と戦後の混乱期を体験。戦後、親と食堂で食べている時に、浮浪者が寄ってきて「残してくんなはれ」と懇願したのが、貧困を肌で感じた強烈な思い出として今も脳裏に焼きついている。堀木の話を聞いて「不合理な差別」と直感した。

藤原の呼びかけで18人の弁護団を結成。翌月には、知事を相手に手当申請却下の取り消しと受給資格の認定を求めて神戸地裁に提訴した。

手当の実質的権利者は児童。母が障害福祉年金の受給者であることを理由に手当の対象外とする法の規定は憲法13条(個人の尊重)、14条(法の下の平等)、25条2項(社会保障向上などの国の責務)に違反し、無効——という主張だった。

障害者が差別を訴える初めての裁判。弁護団は多くの障害者の「参加」を目指した。法廷での書面交換は傍聴する視覚障害者にも分かるよう朗読と録音を求め、認められた。障害者の生活実態を示すため3人が証言台に立った。

このうち全盲の鍼灸《しんきゅう》師の男性は、健常者が業界に進出、交通事情も悪化して自由に出歩くことができず、仕事が成り立たなくなりつつある、と説明。両下肢障害の男性は「障害福祉年金は堀木さん自身、児童扶養手当は子どもさん(のため)なのになぜ二重支給と言わはるのか。一生懸命働いている障害者の苦しみが分からんのではないか」と怒りをぶつけた。

この頃、堀木は「子どもをだしに金を取ろうとしている」といった悪口を言われ、体調が悪化、出廷できなくなっていた。代わりに証言台に立った全盲の友人女性は、堀木の三男が風邪をこじらせて腸を悪くしたのに、お金がなくて医者に診てもらうことができず亡くなったという過去を明かした。

裁判長の坂上弘は真剣な表情で耳を傾けていた。

「障害者の生活実態主張を」芦部教授が助言

「被告(兵庫県知事)がなした児童扶養手当の請求却下を取り消す」

72年9月20日、神戸地裁。裁判長の坂上が判決主文を読み上げると、傍聴席の障害者らから拍手が湧いた。続く判決理由も、争点の判断結果を述べるたびに拍手が起こるので、坂上は朗読にひと息入れなければならなかった。

「判決の特色をひと言で言えば、血の通った分かりやすさだった」。原告代理人を務めた弁護士の藤原が半世紀前を回顧する。

判決は、障害福祉年金を受給していてもそれが父であれば、母子家庭とみなし健康な母に児童扶養手当が支給されることを例示。法律の条項が、障害福祉年金を受けているのが母か父かの性別で差別し、母が障害者か健常者かでも差別しており、憲法14条(法の下の平等)に違反し無効——と断じた。

さらに判決は、各種資料から「全盲の障害者であって、児童を養育している母子世帯の母がいかに貧困にして苦難に満ちているかは明らか」と、障害者、母子家庭の実情を酌んでいた。

そしてこんな指摘もした。「国民相互の社会連帯の理念に照らし、一部の国民がこのような被差別感に苦悩していることを放置してよいか」。藤原は「解決のために立ち上がろうではないか、という声が聞こえてくるようだった」と、当時の感動をよく覚えている。

多くの反対意見を押し切って県側は控訴した。その後の控訴審口頭弁論で「知事は控訴の意思はなかったが、一審だけで違憲判決を確定させるのは相当でないと国が指揮権を発動して、県に控訴を指示した」と明かした。

一方で、県は児童養育条例を制定。堀木のように障害福祉年金を受けていることを理由に児童扶養手当が支給されない母子家庭に対し、手当法が改正されるまでの暫定措置として見舞金(年2万5000円)を支給するようにした。

国も、障害福祉年金や老齢福祉年金を受給していても児童扶養手当が支給できるよう手当法の改正に動き、一審判決翌年の73年に国会で成立した。このころ、堀木の子どもは成長し、手当の対象にならなくなっていたが、県や国を動かし、同じ境遇の人たちを救った点で事実上の勝利だった。

このため控訴審の意味は、改正前の法の併給禁止規定が憲法違反だったかどうかに絞られた。後ろ向きのように見えるが、憲法25条の性格を問い、今後の社会保障裁判の行方を占う大問題だった。弁護団は態勢を増強するとともに学者の意見を聴くことに力を入れた。

その一人が憲法学者、芦部信喜である。芦部は、米国での研究を経て日本で適用できる憲法訴訟論を開拓。その講義を藤原は司法修習生時代に受けていた。藤原らは芦部が教授を務めていた東京大の研究室を訪ねた。

法律やその条文が合憲か違憲かを抽象的に判断するのではなく、法を支える社会的、経済的事実とその変化を見極める。それが憲法訴訟論の中核をなす「立法事実論」。堀木訴訟に当てはめると、そもそも児童扶養手当法は母子家庭の貧困対策のためにつくられたのに、障害福祉年金をもらっていれば貧困が解消する根拠(立法事実)はあるのか、ということになる。

藤原の記憶では、芦部は「生活実態の立法事実論で裁判所を説得できるはずだ」と答えた。弁護団はこれを主張の柱の一つに据え、障害者団体などの協力で堀木の暮らす神戸のほか京都、大阪、名古屋で障害者の生活実態調査を進めた。

計164人のほとんどが障害福祉などの年金を受給していたが、4割強が家計は苦しいと答えた。

「立法府の裁量」で敗訴、司法の役割はどこに

「どうしてこんな判決が」と問い直すような面持ちで、堀木は見えない目を裁判官席に向けた。75年11月10日、大阪高裁の法廷。裁判長の増田幸次郎(90年死去)は、堀木が勝訴した一審神戸地裁の判決を取り消す判決を言い渡した。

判決はまず25条2項について、国の責務を「宣言」したもので、個々の国民に対して具体的権利を保障したものではないという「プログラム規定説」を採用。個々の社会保障施策は「立法府の裁量

（選択の自由）」に委ねられており、障害福祉年金と児童扶養手当の併給禁止規定が裁量権の乱用とは認められない、とした。

14条については、財源の公平・効率的活用のため、複数の事故（視覚障害と母子家庭）のうち最も重大な事故（障害）にのみ給付することには合理的理由がある、と違反を認めなかった。

この「立法府の裁量」論が定着してしまうと、今後の憲法訴訟にも大きな壁になる。堀木の弁護団は上告審に向けて全国の弁護士に参加を呼びかけ、その数は約３００人に達した。

82年４月、最高裁大法廷での口頭弁論。１５０近い傍聴席は堀木の支援者らで埋まった。堀木側は８人の代理人弁護士が次々と立ち、障害者や母子家庭の生活実態、年金と手当の併給を禁止する規定の違憲性について述べた。

その１人、憲法14条違反の主張を展開した大森典子（78）。東京大生の時、芦部の講義を受け、弁護士になってからも芦部らの研究会に参加。14条の平等論を蓄積していた。「25条での突破が難しいとしても、14条では裁判長の問題意識に引っかかり不合理な差別と認めるのではと期待した」と言う。

弁論の最後は、堀木自身が１分間、車いすの上から訴えた。

私が長い年月に耐えて訴訟を続けてきたのは決してお金のためではない。福祉事務所の人に児童扶養手当を支給してほしいとお願いしたら「どうしても欲しかったら子どもを他人に預けた形（その人が受給して堀木がもらう）にすればええ」と言われて、本当に悔しい思いをした。そのような思いをこれからの若い母親たちに味わわせないようにするためにも、私の願いを聞き入れてほしい――。

その声が静まり返った法廷に響いた。だが、願いはかなわなかった。

2カ月余後の7月7日。全国から夜行列車やバスで駆けつけた支援者が雨の中、最高裁を取り囲むように判決を待った。満席の大法廷傍聴席には車いすの人が6人、盲導犬を連れた人も3人いた。「本件上告を棄却する」。主文だけ告げると13人の判事は退廷した。この間わずか10秒。「ワンワン」。盲導犬のほえる声が反響した。

判決は、高裁判決をほぼ踏襲。特に憲法25条違反については「具体的にどのような立法措置を講ずるかは、立法府の広い裁量に委ねられている」として、著しく合理性を欠く場合を除き「裁判所の審査に適しない」と、門前払いの論理を示した。

「まさか、こんなことになるとは思わなかった。何のためにここに来たのか分からない」。記者会見で堀木は力なく話した。

堀木の代理人を務めた藤原は今、この判決がもたらした影響をこう振り返る。

「立法や行政の裁量論がその後、多くの社会保障裁判の判決で引用されるようになった。違憲審査をする裁判所の役割が放棄され、結果的に国の防波堤になってきた」

最高裁判決から3年半後の86年1月、堀木は急性心不全で一人旅立った。享年66。障害と貧困、母子家庭……。さまざまなハンディキャップを抱えながら12年間の法廷を闘った。一審で勝ち取った判決は児童扶養手当法の改正を促し、堀木を支えた運動もその後、障害者基本法の制定など障害者の自立と社会参加の流れを形づくった。

生活保護費減額訴訟——保護費額は国の裁量事項か

昔ながらの商店街が下町の雰囲気を醸す大阪・千林(大阪市旭区)。憲法公布から75年を迎えた2021年11月3日、昼下がりに訪ねた小寺アイ子(77)は、古いワンルームマンションの薄暗い部屋に一人でいた。

難病の自己免疫性肝炎を患っている。飲み薬の関係で紫外線にあたってはいけないので昼間でも窓のカーテンを閉める。暗くても電灯をつけない。生活保護費が減額され、電気代を少しでも節約しなければならないからだ。冬でも着込んで、なるべく暖房を使わないようにしている。

生活保護費減額の流れは2012年にさかのぼる。

人気お笑いタレントの別居の母親が生活保護を受けているとの週刊誌報道をきっかけに、受給者へのバッシング(たたき)や偏見が強まった。自民党はこの年12月の衆院選で大勝して政権に復帰。公約に「生活保護の給付水準を10%引き下げる」と掲げていた。

これに合わせるように政府は翌13年1月、生活保護費のうち食費など日常生活にかかる費用を賄う「生活扶助」の基準額の引き下げを決めた。13年度から3年間かけ世帯平均で6・5%減額する。大都市部に住む夫婦と子ども2人の4人世帯で月額2万円の減。減額幅の最大は「10%」になった。

最近5年間の物価下落を反映したとされた。だが、その算定方法や経過は後の裁判で重大な争点となる。

敗戦前年の1944(昭和19)年に大阪で生まれた小寺。子どもの頃から貧困生活を送ってきた。5歳の時に父親が多額の借金を残して自殺。小学1年生の時から内職の手伝いをし、4年生からは新聞配達をするなどして家計を助けた。中学を卒業して住み込みで機織りの仕事を習い、就職。きちんと休憩時間を取れるよう会社に要求したことをきっかけに23歳で解雇された。

その後、結婚して看護助手やミシン販売の営業などをしながら2人の娘を育てた。小さい頃から歌が好きで2000年にカラオケ喫茶を開業。多くの常連客もできたが、安定した生活は長く続かなかった。

08年、僧帽弁逆流症という心臓の病気を発症。手術後の後遺症で動くのがしんどくなり、店は常連客の手伝いで昼間だけ営業したが、売り上げは少なく赤字続きに。そこに肝炎の薬の副作用が追い打ちをかけた。股関節が壊死《えし》し、歩けなくなった。

借金返済に追われ、人工関節を入れる手術代を払う余裕はない。地元の生活支援団体に相談、メンバーの付き添いで13年12月、生活保護を申請。その医療扶助で治療した。負債は自己破産し、別居していた夫とは離婚した。

小寺の現在の保護費は月額3万6000円余。年齢区分による減額を含め当初より約8700円減らされたという。収入は年金7万8000円余と合わせ月額11万4000円余。家賃(4万5000円)を支払うと、残り6万9000円余で生活しなければならない。

小寺には病気によるハンディがある。紫外線を防ぐジェルを1日に何回も塗り、シャンプーも湿疹を防ぐために特別なものを使うため費用がかさむ。医師には栄養のバランスを取るように言われているが、節約のため作り置きした同じ総菜を4、5日食べる。かつての常連客にカラオケに誘われても、老人ホームにいる弟に会いたくても、交通費の余裕がなく、1日1人で過ごすことが多い。「単に生かされているだけみたいで、やるせない気持ちになる」

2014年12月、大阪府内の生活保護受給者51人が、保護基準の引き下げは憲法25条に反するとして、引き下げ取り消しと慰謝料を求めて大阪地裁に提訴した。その後、原告の1人で小寺と親しかった地元の女性が、願いをかなえることなく孤独死した。

「彼女の遺志を継ぐ。裁判を通じて世間に保護制度や受給者の実態を訴えたい」。集団提訴の翌年、小寺は原告団に加わることを決めた。

基準引き下げ「専門的知見ない」と原告

訴訟を中心的に担っている弁護士は小久保哲郎(56)である。生活保護問題に取り組むようになった原点は、一人のホームレス女性との出会いだった。

弁護士になって3年目の1997年。日雇い労働者の街、釜ヶ崎(大阪市西成区)の支援団体の相談を先輩弁護士から振られた。

路上で行き倒れになって入院していたおばあさんが、退院を前に「昔のようにアパートで暮らしたい」と希望したので、団体のメンバーが「居宅保護」の生活保護申請書を手書きして一緒に役所に持っていった。しかし、受け取りを拒否され、押し問答の末、「どうしても置いていくなら落とし物として扱う」と職員に言われた——。小久保は耳を疑ったが、やりとりの録音を聞いたら本当だった。

当時、ホームレスの場合、居宅保護ではなく病院や施設に入って生活保護を受ける「収容保護」を原則とする運用がされていた。それまで生活保護法を読んだこともなかった小久保。社会保障に詳しい友人の弁護士に相談、代理人として連名で抗議の内容証明を役所に送ったが、音沙汰がない。電話すると「先生は知らんと思うけど、生活保護は本人との話し合い。代理人と話すつもりはない」との返事だった。

生活保護申請を窓口で抑制する水際対策を目の当たりにした。「公務員による人権侵害だ」。法律家として見過ごすわけにはいかなかった。何度も役所に掛け合っているうちに大阪市は、アパートでの居宅保護を初めて認め、敷金を支給した。

以来、弁護士仲間とともに生活保護申請の同行、申請却下に対する不服申し立て、野宿から居宅保護を求める訴訟などに取り組み、２００７年には市民団体「生活保護問題対策全国会議」を設立した。

国が13年から、生活保護のうち食費や光熱費などの「生活扶助」の基準を引き下げると、全国で保護変更の不服審査請求を展開。この運動の中から引き下げ取り消しを求める集団訴訟への流れができた。29都道府県で計約千人の受給者が提訴した。

大阪訴訟で提訴した原告は計53人。引き下げによる影響を理解してもらおうと、裁判では毎回のように原告本人が意見陳述した。原告共同代表の1人、小寺はこう陳述した。

「親しくしてくれた人が亡くなって、香典を包むことも会場までの交通費を捻出することもできず、葬儀に行けませんでした。悔しくて家で一人泣いていました」

当時を思い出す小寺の目に涙が浮かんでいた。

裁判の争点は、生活保護費の大幅な引き下げによる生活実態が憲法25条の「健康で文化的な最低限度の生活を営む権利」を侵害されているかどうか。そして、引き下げ決定の経過や算定方法に厚生労働大臣の裁量権の逸脱、乱用があったかどうかだ。

「逸脱、乱用」を原告側は大筋、次のように主張した。

生活扶助基準の改定はこれまで一般世帯の消費水準の6~7割で均衡させる方式だった。だが、基準を検証する社会保障審議会生活保護基準部会の検討を経ずに「物価考慮」を持ち出し、専門的知見の裏付けがない。その物価考慮も一般的な物価指数ではなく、下落率がより大きくなる独自の計算方式を使った――。

国側は「(計算方法は)専門技術的、政策的な観点による厚労相の裁量権が認められる」などと反論した。

19年10月、先行する愛知県の同種訴訟の名古屋地裁法廷。生活保護基準部会の部会長代理だった岩田正美(75)=日本女子大名誉教授=が証言台に立った。この訴訟でも原告代理人を務める小久保が尋ねる。

――部会はデフレ調整(物価考慮)を容認したのか。

「容認などはしていません。そのことの議論もしていないわけですから」

――国は物価考慮について委員全員の了承を得たと主張しているが。

「いいえ、事実に反しています」

バッシングを「国民感情」と追認、棄却判決

29都道府県で起こされた訴訟のうち愛知県の受給者が訴えた訴訟の判決が20年6月25日、名古屋地裁で言い渡された。最初の司法判断だけに多くの関係者の注目を浴びた。

「原告らの請求をいずれも棄却する」。裁判長角谷昌毅《かくたにまさたけ》の第一声は、傍聴席の原告らを失望させた。判決は、原告の主張をことごとく否定。生活保護の基準設定に関する厚生労働相の裁量権を「諸事情を広く考慮して行使されるべき」とし、専門家の検討を経ていなくても「過誤、欠落があったということはできない」とまで言い切った。これでは、何のために専門家による生活保護基準部会を設けているのか分からない。

しかも、自民党が２０１２年衆院選で掲げた「生活保護の給付水準10％引き下げ」という公約に合わせるように、国が基準を引き下げたことも「自民党の政策は国民感情や国の財政事情を踏まえたもの」と斟酌《しんしゃく》。厚労相が基準改定に当たって「これらの事情を考慮できる」とした。

生活保護受給者への一部のバッシングを「国民感情」と追認し、疑問の多い判決だった。

「政権与党に擦り寄る司法の現実を突きつけられ、ぼうぜん自失した」。この愛知訴訟と大阪訴訟の原告代理人を務める弁護士、小久保は振り返る。年度内の判決を控えた大阪に暗雲が漂った。大阪訴訟の裁判長は、異動に伴い途中から担当した森鍵一《もりかぎはじめ》(52)。森鍵は20年12月、関西電力大飯原発３、４号機の設置許可を違法として取り消す原告勝訴の判決を出している。

翌21年の２月22日、大阪地裁の法廷。「保護変更決定を取り消す」。森鍵が判決主文を言い渡すと、小久保は右手の拳を強く握り締めて振り、傍聴席に勝訴を伝えた。不安げに問いかけるような目をし

ていた難病の原告、小寺アイ子の表情がぱっと明るくなり、涙が浮かんだ。

判決は、生活保護のうち食費や光熱費などの生活扶助基準の改定に際し、物価下落を反映させるため厚労省が独自に考えた物価指数の算定方法を二つ問題視した。

一つは、物価下落を見る起点を08年にしたことだ。この年は原油価格や穀物価格の世界的な高騰で石油製品や食料品が「特異な物価上昇」をしていた。起点にすれば物価下落率が大きくなることは最初から明らかだった。

もう一つは、物価下落率が著しかったパソコン、ビデオレコーダー、テレビなどの教養娯楽用耐久財は、生活保護受給者の支出割合が相当低いにもかかわらず、考慮していないこと。これによって物価下落の影響が増幅された。

これらはいずれも「判断の過程、手続きに過誤、欠落がある」と指摘。「厚労相の裁量権の範囲逸脱、乱用があり、違法」と結論付けた。

「裁判所は生きていた」。名古屋判決に絶望していた小久保からこんな言葉が口をついて出た。

しかし、その後の現実は甘くなかった。札幌、福岡、京都、金沢、神戸の各地裁で21年末までに言い渡された判決はいずれも棄却。名古屋同様、厚労相の裁量権の範囲を幅広く認め「逸脱や乱用はない」とした。舞台は今、控訴審に移っている。

札幌から金沢までの地裁判決は、裁判官の信頼性が揺らぐ事態にもなっている。判決文に前の判決と酷似した表現が随所に見られ、京都、金沢は福岡の誤字まで同じ。前の判決文をパソコン上でコピーして貼り付ける「コピペ」が強く疑われる。

さらに、これらの棄却判決が「国の財政事情」を基準引き下げの根拠に挙げるのも同じだ。

生活保護訴訟の先駆けとなった朝日訴訟。東京地裁(裁判長・浅沼武)の裁判官たちは3日間、現場の検証と出張尋問をした上で原告勝訴の判決(1960年)を出している。その一節が重く響く。

「(生活保護の)最低限度の水準は決して予算の有無によって決定されるものではなく、むしろこれ(予算)を指導支配すべきものである」

憲法を守るとはどういうことかを示唆している。

[大阪訴訟は2023年4月、大阪高裁が厚労相の引き下げ判断は不合理とは言えず裁量権の逸脱や乱用はないとして大阪地裁判決を取り消し、原告側の請求を退ける逆転判決を出し、原告側が最高裁に上告している]

コラム

スクープ「判決文コピペか」

生活保護費減額訴訟を取材していた２０２１年10月。29都道府県の訴訟の原告が連携する「いのちのとりで裁判全国アクション」の事務局長を務める小久保哲郎弁護士(大阪)から二つの判決文の比較表を見せられた。

「ここを見てください。誤字まで同じで、コピペ(前の判決文をパソコン上でコピーして貼り付けること)ですよ」

前の判決は同年5月12日に福岡地裁が出した棄却判決。裁判所の判断部分で「ＮＨＫ受信料」が「ＮＨＫ受診料」と誤っている。その４カ月後の9月14日の京都地裁の棄却判決も「ＮＨＫ受診料」。その前後の文章もそっくりだ。福岡地裁の判決をコピペしている疑いが強かったが、偶然、一致した可能性も否定できない。念のため2カ月余あとの11月25日に出る金沢地裁判決を待つことにした。

すると、この棄却判決文も「ＮＨＫ受診料」と誤り、前後の文章も酷似。そのほかの文章も随所で似ていた。裁判所が連続してコピペで判決を作成していることがほぼ確実になり、12月16日付信濃毎日新聞朝刊１面トップで特報した。その見出しとリード(前文)部分は次の通り。

判決文「コピペ」か　生活保護費引き下げ、京都・金沢地裁　誤字も同じ、文章酷似

〈生活保護費の基準引き下げは憲法や生活保護法に反するとして、引き下げ処分の取り消しなどを求めた集団訴訟で、原告(生活保護受給者)の訴えを退けた5月12日の福岡地裁判決以降の２件の判決文(全文)が、誤字も同じで文章も随所で酷似していることが15日、信濃毎日新聞の取材で分か

った。訴訟に関わる弁護士は、前の判決をパソコン上でコピーして貼り付ける「コピペ」をして判決文を作成しているとみている〉

京都地裁、金沢地裁、最高裁にコメントを求めたが、判を押したように「個別の裁判の内容については回答できない」だった。そこで、裁判経験の豊富な元福岡高裁部総括判事(裁判長)の森野俊彦弁護士に見解を求め、次のような談話を掲載した。

〈同種事案で結論や理由が前に出た判決と同じであれば、判決文が似ることはあるが、誤字まで同じというのはコピペした可能性が高い。３人の裁判官の合議で請求棄却が免れないと判断したとしても、訴えを提起した原告らの心情を思いやるとき、その理由については心血を注いで起案し、批判を仰ぐべきだ。それがコピペで足りるとなれば、事件に対する裁判官の本気度が疑われる。合議事件の場合、普通は最も若い左陪席が判決文を起案するが、間違いがあれば裁判長が気づいて訂正されるはずだ。看過されるのは、緊張感が欠如しているといわれても弁解できない〉

このスクープはすぐに共同通信、時事通信が配信。テレビや他紙も追いかけ、全国に知られることになった。３カ月後の22年3月には国会で取り上げられることになる。

「人の判決文をコピペする。こんなことがあったら大問題だ。早速調査すべきでしょう」

衆院法務委員会で、立憲民主党の階《しな》猛議員(弁護士)が追及。最高裁の長官代理で答弁した門田《もんでん》友昌行政局長(裁判官)は、共通の誤字があることを認めた上で「まさに国民の皆さまの疑念を生じさせる事態となったことについて、裁判所の信頼を揺るがしかねないものとして重く受け止めている」と表明した。ただ、最高裁による調査については「個別事案における裁判官の判決起案のあり方やその過程を調査、検証することは裁判官の職権行為の独立との関係で相当ではない」と応じなかった。

憲法は「すべて裁判官は、その良心に従い独立してその職権を行い、この憲法及び法律にのみ拘束さ

信濃毎日新聞　2021年（令和3年）12月16日　木曜日　日刊　9版

判決文「コピペ」か

生活保護費引き下げ　京都・金沢地裁

誤字も同じ　文章酷似

判決文が酷似している1例（下線は本紙が挿入）

福岡地裁　5月12日　101ページ

テレビやパソコン等は、生活扶助により購入することがあり得る品目であって、生活扶助により支出することが想定されない非生活扶助相当品目（医療費、NHK受診料等）とは明らかに性質を異にするというべきである。

京都地裁　9月14日　106ページ

テレビ、パソコン等は、生活保護受給世帯が生活扶助により購入することがあり得る品目であって、およそ生活扶助により支出することが想定されていない非生活扶助相当品目（医療費、NHK受診料等）とは明らかに性質を異にする。

金沢地裁　11月25日　98ページ

テレビやパソコンは生活扶助により購入することがあり得る品目であるから、生活扶助相当CPIにおいて除外された医療費、NHK受診料等の生活扶助により支出することが想定されない品目とは性質を異にするといえる。

裁判官の本気度　疑われる

生活保護基準引き下げ訴訟　国は2013年8月から3年間で生活保護の生活費部分である生活扶助の基準を平均6.5%、最大10%引き下げた。これに対し、生活保護受給者が「健康で文化的な最低限度の生活権」を定めた憲法や生活保護法に違反すると、国と自治体に引き下げ処分の取り消しなどを求めた訴訟。29都道府県で計約1000人が原告になっている。引き下げの根拠に初めて物価下落を採用したこと、厚生労働省が独自に算定した物価指数の是非などが争点。これまでに判決を言い渡した地裁のうち大阪地裁は「厚労相の引き下げ判断は客観的数値や専門的知見との整合性を欠く。裁量権の逸脱や乱用があり違法」と処分を取り消した。他の5地裁は「裁量権の逸脱や乱用はない」などと請求を棄却した。

れる」（76条3項）と規定する。裁判官が外部からの圧力や干渉を受けずに公正な裁判を行い、人権の保障を確保するためだ。

生活保護費減額訴訟のような合議の裁判は一つの判決文を3人の裁判官と書記官が点検する。三つの裁判所で少なくとも計12人が同じ誤字を見逃していたこと自体、ずさんだ。「裁判官の独立」は大事だが、それを盾に、安易にコピペで判決文を作成したとすれば「裁判官は、その良心に従い」と言えるのか。割り切れない思いが残った。

第4章　学問の自由(23条)

「家永教科書裁判」の家永三郎(共同通信社)

(23条)

学問の自由は，これを保障する.

東大ポポロ劇団事件——政治的表現は「学問」ではないのか

東京・本郷の東京大キャンパス。正門から安田講堂に向かって歩くと、左手に見える重厚な建物が法文1号館である。入り口がアーチになったゴシック様式で、国の登録有形文化財になっている。2階の25番教室は、前方に演壇があり、定員700人。法学部最大の教室で、通常の講義のほか講演、式典などにも使われている。取材に訪れた時は春休みのため学生の姿はなかった。

ここが70年余前、重大な憲法事件の舞台になった。その歴史を伝えるものは現場にはない。

朝鮮戦争が始まって2年後の1952（昭和27）年2月20日。この教室（当時の呼び名は法文経25番教室）で夕方から大学公認団体「劇団ポポロ」（ポポロはイタリア語で人々）の演劇発表会が開かれていた。3年前に、福島県で列車転覆の松川事件が起き、国鉄などの共産党員や組合活動家多数が逮捕された（その後、無罪が確定）。演劇はこの冤罪《えんざい》事件が題材で約300人の学生らが鑑賞していた。

午後7時40分、第1幕が終わった後、「私服（警官）が潜り込んでいる」との叫び声がした。逃げようとした男が数人の学生に捕らえられた。男は教室の舞台前に連れて行かれ、「警察手帳を出せ」と迫られた。押し問答の末、男は手帳を差し出し、学生らは次々と閲覧していったん返却した。

さらに2人の男が教室外に出て、学生らに取り押さえられた。3人は教室入り口前の学生喫煙室（通称「踊り場」）などで学生たちに「何を探りにきた」と問いただされ、背広やワイシャツのポケットから警察手帳を奪われた。3人はいずれも大学近くの警視庁本富士署の警備係巡査（公安刑事）と判明した。

　大学の厚生部長が駆けつけ、学生たちに翌日、警察手帳を返還することを約束させてその場を収め、午後10時前、警官は解放された。

　翌日、私服警官約30人が大学を訪れ、2人の経済学部生の身柄引き渡しを要求。1人は構内で発見され、引き倒されて逮捕された。もう1人は5カ月後の早朝、学生寮にいるところを逮捕される。いずれも逮捕容疑は暴力行為法違反。警官の服のポケットから警察手帳を引っ張り、付いていたひもを引きちぎったり、襟首をつかんだりした「暴行」があったとされた。公務執行妨害罪を適用しなかったのは、「公務」が問題だったからとみられている。

　1人目の学生逮捕から4日後。「警察手帖《てちょう》の全貌」と題したビラが学内に配布され、警察侵入の実態が学生や教職員に衝撃を与える。後に手帳が学生代表から大学を通じて警察に返還される前に各ページが写真に収められ、ビラの内容が正しいことが証明された。

　以下は警察手帳の記述の抜粋である(○は手帳では実名。かっこ内は筆者)。

　　十二月二日
　　都学連代議員会
　　AM一〇・〇〇頃中央委員室より約五名が出たので○、○(いずれも同僚巡査名)が尾行、続いて二名を尾行したが赤門より徒歩　三丁目公衆電話で約十分会話した後徒歩　御茶の水駅、省線(運輸省の路線)三鷹行、三鷹下車不明
　　中央委員室での会話

○（学生名）ああいう問題もいいんだが、しかし明大の学生課の問題でもめたな

二月十九日

一、東大巡視

1、ビラ頒布　○（学生名）○　一食（第一食堂か）昇降口に於（お）いて〝スパイとは誰か？〟

2、ビラ貼（ママ）布　○（学生名）

矢内原（総長）は学問的裏付けのない平和論はいけないといったが、今それが表面化されて（警察）予備隊（自衛隊の前身）の募集が東大に来た

（以上、遠山茂樹、渡辺洋三編『ポポロ事件　黒い手帳は語る』から）

これらの記述から分かるのは、「私服」がほぼ連日、東大構内に立ち入り、張り込み、尾行、教室潜入、盗み聞きなどによって学生、教職員の思想動向や背後関係を調べたり、身元調査をしたりしていたことだ。ポポロの上演より少なくとも1年半以上前から学内侵入を繰り返していたことがうかがえた。

このことは、2人の学生が無罪を主張する大きな根拠になる。

「大学の自治守る正当な行為」無罪判決

暴力行為法違反で逮捕、起訴されたのは、当時経済学部4年の千田《ちだ》謙蔵と同2年の福井駿平である。

千田は、長期裁判中の71年、出身地の秋田県横手市の市長に当選、5期20年務めた。取材申し込み時90歳、体調不良のため取材はかなわなかった。２００８年発行の著書『ポポロ事件全史』（日本評論

社)で「そんな事はやっていないし、仮に誰かがそんなことをしたとしても、決して悪いことではなく、むしろ、悪いのは、不法侵入した警官であり、彼らこそ裁かれるべきものだ」と書いている。

福井は、共産党大阪府委員会役員を務め、取材時93歳。2022年3月下旬、大阪府泉佐野市内の自宅で取材に応じた。「今でも無罪を確信していますわ」という福井。「(起訴状にある)警官につばを吐きかけるなどの暴行はしていない。長期にわたって警察が(大学に)入ってきてスパイ活動をやっておった。この憲法違反をやめさせようとしたのだから無罪どころか表彰してもらわなあかん」と強い口調で話した。

一審東京地裁の裁判は、福井が中国に渡航したため、千田が先行し1953年6月に始まった。千田は冒頭で「本件は思想弾圧のためのでっち上げ事件で、私は検事に対し公訴取り消しを求めます」と訴えた。続いて弁護人の石島泰《ゆたか》(2000年死去)。石島は、旧国鉄東北本線で列車が転覆した松川事件など多くの冤罪事件の弁護を手掛けることになる。

その石島がこの裁判で真っ先に主張したのは「本件のごとき行為で警察が学生を逮捕したのは、二重の違法行為を犯したと言うべきである」ということだ。「二重の違法行為」は、まさに裁判の争点となった。

学生たちが奪った本富士署員の警察手帳には、連日、東大構内に立ち入り、張り込み、尾行、教室潜入、盗み聞きなどによって学生や教職員の思想動向を調べていたことが書かれていた。これは憲法の「学問の自由」や、そこから導かれる「大学の自治」の侵害ではないか。それを排除しようとした学生たちを罪に問えるのか――。この憲法問題が第一の争点。

第二は、本当に「暴行」といえる行為があったのか。あったとしても、千田、福井によるものなのか――という事実関係だ。

証人は「被害」を受けたとされる3人の警察官や現場にいた東大生、教職員など24人に上った。この中に当時の東大総長、矢内原《やないはら》忠雄（1961年死去）がいた。

裁判に先立ってポポロ事件は国会で取り上げられた。矢内原は衆院法務委員会に参考人として呼ばれ、「学問は真理の探究であり、時の権力によって阻害されたり、一つの方向を強要されたりしては発達しない」と、学問の自由と大学の自治の意義を力説。「大学の自治の原則が破られたことを警察当局に抗議する」と言い切った。

東京帝大教授だった戦時中、政府の大陸政策を批判して大学を追われ、著書も発禁となった弾圧を経験した（矢内原事件）。法廷でも同様に証言し、学問の自由を守る強い意思をにじませた。

「主文　被告人は無罪」。千田に対する判決は54年5月に出た。

裁判長の山田鷹之助は歴史の考察を踏まえ、憲法で学問の自由が保障されるのは「外部からの干渉を排除して自由であることによってのみ、真理の探究が可能となり、課題の正しい解明の道が開かれるからだ。これを確保するための制度的保障が大学の自治である」と判示した。

その上で、被告人の行為は学問の自由と大学の自治という重要な法益が侵害されることを防ぐためで、警官の軽微な被害よりはるかに重大だから「法令上、正当な行為として罪とならない」と結論付けた。

その後の福井に対する判決も同様に無罪。いずれも学問の自由に関する画期的な司法判断だったが、当時のマスコミの関心は薄く、ほとんど報道されなかった。

「学問」を狭く解釈、警察介入あいまいに

二審の東京高裁も56年5月、一審東京地裁の無罪判決を支持し、検察の控訴を棄却した。警官の侵入は、大学の自治を乱す違法行為であり、千田が自治を守ろうとした行為は「刑法上の違法性を阻却(退けること)せられる」というのが理由である。千田は上告審に向けて「無罪が二回も連続しているのですから、『矢でも鉄砲でも、なんでももって来い』という心境でした」と自著で振り返る。

希望的観測は打ち砕かれる。最高裁大法廷(裁判長・横田喜三郎)は63年5月、一、二審の判決をともに破棄し、東京地裁に差し戻すと判決した。理由は次のように展開された。

劇団ポポロの発表会は反植民地闘争デーの一環として行われ、内容も(労働運動弾圧との見方が強い列車転覆の)松川事件を題材にしていた。また、学生や教職員以外の外来者も入場券を買って入っていた。これは「真に学問的な研究と発表のためでなく、実社会の政治的社会的活動であり、公開の集会である」。だから、大学の学問の自由と自治を享受しない。警官が立ち入ったことは学問の自由と自治を侵すものではない——。

「学問の自由」の範囲を狭くとらえた判決である。これに対し、憲法学者たちは強く反発した。

東大教授の小林直樹は「憲法および他の法律などから考えても、警官が勝手に学内に入ったことは違法行為で、最高裁は憲法の解釈を狭く判断、そのうえ核心をずらした判決をしたことは納得できな

い」（1963年5月23日付信濃毎日新聞）。

同教授の芦部信喜も「学問的か非学問的かの判断は、大学の責任と良識にゆだねられている……。大学が……その責任において認めた集会を、判決のいうような理由だけで直ちに非学問的活動だと割り切り、警官の無断な立ち入りを是認するのは……大学自治の侵犯をもたらす」（雑誌世界63年7月号）と警告した。

中国渡航で裁判が遅れていた福井は、千田の最高裁判決を受けて高裁段階で一審無罪が破棄され差し戻しになった。2人の審理は差し戻し審で併合されたが、また一審からのやり直しで裁判は長期化する。

差し戻し後の一審は一転して有罪、二審もこれを支持。最高裁（小法廷）の判決が出たのは、事件発生から21年後の73年3月だった。2人の上告を棄却。千田の懲役6月、福井の懲役4月（ともに執行猶予2年）が確定した。

内容は、最初の最高裁判決を再確認し、「本件集会（劇団ポポロの発表会）は、学問の自由を享受しえない性格のもので、警察官の立ち入りの当否を考慮する必要はない」というそっけないものだった。この判決を出すのに7年もかかっている。

取材に対し福井は、司法の結論をこう回想した。

「学問の自由と警察権力の介入の限界に一言も触れてない。以前から警察が学内の偵察を繰り返し、その一環としてポポロ事件が起きたことを覆い隠し、ごまかして通そうとした」

ポポロ事件から62年後の2014年、京都大吉田キャンパス。学生の集会に私服警官が紛れ込んでいるのが見つかり、取り押さえられた。警官が学内に入るときは事前通告する取り決めだったが守られなかった。

警察介入の限界があいまいなまま、現代でも大学の自治を脅かしかねない活動が続いていることを浮き彫りにした。

［千田氏は2024年12月、老衰のため93歳で死去した］

旭川学力テスト事件——教育の内容は誰が決めるのか

2022年の全国学力テスト(全国学力・学習状況調査)は4月19日、小学6年と中学3年の全員を対象に全国約2万9000校で行われた。全国テストは2007年度に再開されて14回目。もはや当たり前のように実施され、強い抵抗の歴史は忘れ去られようとしている。

1961(昭和36)年10月26日は、全国の中学2、3年生全員を対象にした学力テスト(学テ)の初実施日だった。文部省(当時)と日教組(日本教職員組合)が鋭く対立したまま、全国各地の中学校は緊迫の朝を迎えた。

前年、池田勇人《はやと》内閣が打ち出した「国民所得倍増計画」。この中で「経済政策の一環として、人的能力の向上を図る」と掲げた。これを受けて文部省は「優れた人材を早期に発見し、適切な教育訓練を施す」などとして、56年から抽出方式で行ってきた学テを全国一斉に行う方針を示した。

日教組は定期大会で「差別教育を促進、学校格差を拡大し、中学教育を破壊する」と反対を決定。学テ当日は、テスト実施の職務命令を拒否して平常授業を行うことや全組合員による早朝集会を開き、テスト執行者への説得活動を行う闘争方針で臨んだ。

長野県教組は、テスト結果を進学、就職に利用しないよう県教委と今後話し合いを続けることで実力阻止を中止。佐久地方の一部で生徒名を記入しないで通し番号で処理する抵抗があったほかは混乱なくテストが行われた。だが、組合活動が活発な北海道、岩手、福岡などでは組合側と執行者側が衝突。多くの学校でテストが中止された。

北海道旭川市の郊外にある永山中学では当日、校長が午前6時半に登校。市教委の指示通り、関係者以外の立ち入りなどを禁止する掲示板を正面玄関、生徒玄関などに立てた。立会人の市教委職員2人とともにテスト用紙を2階保健室のベッド下に運び込んで実施準備を進め、教員たちに再度、学テ実施への協力を要請していた。

道教組旭川支部高校部長で学テ阻止の「説得隊長」を務める佐藤彰(当時34歳)は、同校生徒玄関前で同組合員約20人と早朝抗議集会を開いた。その後、貸し切りバスで駆けつけた共闘労組員と合流。暴力行為は行わず、あくまで説得によってテストを中止させることを確認し、校長の制止を聞かず数十人の説得隊員とともに校舎内に立ち入った。

佐藤ら約10人は校長室に入り、テストの立ち会いに向かおうとする市教委職員に向かって、テストの不当を訴えて両手を広げるなどして部屋を出られないようにした。

その間にテストは2階教室で実施され、校長は各教室を見回っていた。共闘労組員たちが出入り口をふさいだため校長は外側の窓伝いに隣の教室に移動。労組員たちは「校長が窓渡りするとは非常識じゃないか」ととがめて胸を小突いたり、校長室に連れていこうと腕を引っ張ったりした。

佐藤ら4人は、逮捕ののち公務執行妨害や建造物侵入、暴行のうち一つないし三つの罪で起訴される。また、オホーツク海側の歌登村《うたのぼり》(現枝幸町《えさし》)の中学でも同様の事件があり、教員3人が公務執行妨害罪で起訴された。計7人の裁判は一緒に旭川地裁で行われることになった。

日教組の依頼を受けて7人の弁護を中心的に担ったのは、尾山宏(91)＝東京都世田谷区＝である。

東大法学部を卒業、弁護士になって5年。戦争体験から教育の民主化に強い思いを持っていた。

公務執行妨害罪が成立するためには、「公務」（この事件の場合、学テの実施）が適法なものでなければならない。その違法性を立証して無罪を勝ち取るため、尾山ら当初4人の弁護団は、憲法や教育基本法の解釈のほか、戦前教育の反省、戦後教育改革の意義などにも踏み込み、刑事裁判は「教育裁判」の様相を呈していく。

学力テストは「教育の不当支配に当たる」

厳寒の旭川の地裁法廷には、だるまストーブがたかれた。

裁判は最初から荒れた。裁判長は度々、「関連性がない」などと弁護側の発言を遮った。その訴訟指揮に対し弁護側は裁判官交代を求める忌避の申し立てを繰り返し、実質審理に入る前に裁判は空転した。

その裁判長が転任し、代わって登場したのが金《こん》隆史である。長野地家裁を振り出しに、最後は東京地裁でロッキード裁判を担当。その最中の81年に急死することになる金。尾山の記憶では「温厚で誠実な人柄」だった。

打ち合わせで金は「わしもへき地で生まれ、（異なる学年の児童が一つの学級になる）複式だったから、教育の問題に関心を持っている」と話し、多くの教育関係の資料を弁護団に求めた。弁護団が学力テストの弊害などを立証するため証人申請した現場教師や保護者、教育学者らの出廷を認め、検察側を含め100人以上が証言台に立った。

学者証言の中でも注目されるのは、教科書検定を巡る裁判を起こしたばかりの東京教育大教授、家永三郎(2002年死去)の登場である。

日本近代史が専門の家永は戦前、戦後の教育統制の歴史をとうとうと解説した。特に敗戦で民主化された教育制度が、東西冷戦に伴う占領軍の方針変更をきっかけに根本的に変えられたと指摘。教育の政治的中立確保に関する法律、政治活動の制限を強化する教育公務員特例法改正の教育二法、公選制だった教育委員会の任命制への切り替え、教員の勤務評定導入、教科書検定の強化などを取り上げた。

尋問に立った尾山が最後に尋ねた。

――こうした教育の転換と全国一斉学力テストとの関連はどう考えるか。

「政府が教育内容を強力に統制し、現場でその通り行われているかを学力テストで確かめる。文部省の画一化に抵抗することがほとんど不可能になる。そういう状況に追い込んでいるものだと思います」

旭川事件の被告の1人、佐藤は最後の意見陳述で「逮捕されているとき、教え子たちが便箋やノート、手帳に『先生がんばれ』『真実は勝つ』と書いて励ましてくれた」と述べた。尾山によると、佐藤は泣いていた。

66年5月、金は判決を読み上げた。

「学力調査(学テ)は違法と言わざるを得ない」。文部行政に強い衝撃を与えた判断。金は大筋、次のように論理展開した。

教育基本法は「教育は、不当な支配に服することなく」と規定している。これは、戦前の文部官僚や軍部などによる強力な中央集権的、画一的、形式的な教育統制に対する反省を基に、教育内容に国家の介入を抑え、教育活動の独立を確保し、教員の自由な創意に富む自主的な活動を尊重する理念を基礎とする。

全国一斉学テは各学校の授業計画を変更させる。また、学校や各教員の成績を測る指標と受け取られて日常の教育活動が文部省の意向に沿って行われる傾向を生み、教員の自由な創意ある活動が妨げられる危険がある。文部省が学テを通じ、教育活動の内容に影響を及ぼすのは不当で、現行の教育行政法の基本理念に反する。したがって、学テ実施は「適法な」公務の執行に当たらない——。

この結果、公務執行妨害罪は成立せず、同罪のみだった歌登事件の教員3人は全員無罪、旭川事件の4人は建造物侵入と暴行だけが罰金などの有罪になった。

「違法」判決から半年後の同年11月、文部省は学力テストの中止を発表。理由は「教育課程改善に必要な資料が得られたため」とした。

最高裁「適法」判決経て43年ぶり復活

全国一斉学力テストが始まって4年目の64年10月。「学テ教育体制の実態と問題」と題する報告書が公表された。東大教授の宗像誠也《むなかたせいや》ら教育学者を主体とする学術調査団が「学テ成績日本一」の香川県や2位の愛媛県を現地調査した結果である。

正規の授業前の「早朝課外」でプリント学習をし、成績が悪い生徒は、7時限の授業後に「補習課外」。日曜日に全員が「課外テスト」を受け、月曜日に順位を張り出す。このような学テの準備教育と競争のあおり▽学テの結果が教師の勤務評定につながり、成績を上げるための不正の横行――。

「不正」の具体的な内容は、別に愛媛県教組が次のように報告している。

「テスト中に教師が見回る際、答案の正答を指さして教える（通称・田植え）」「実在しない生徒の答案に教師が記入し、満点にする（ユーレイ）」、「成績の悪い生徒を当日休ませる」……。

学テの弊害の認識は徐々に国民の間に広がっていった。

学テに反対し、北海道旭川市、歌登村の２中学で実施を妨害したとして教員ら計７人が公務執行妨害罪などに問われた事件。68年６月、控訴審の札幌高裁も学テの弊害を認め「教育の不当な支配に当たり教育基本法などに反し違法。公務執行妨害罪は成立しない」と、一審判決を支持する判決を出した。

同罪だけに問われた歌登事件の３人は、検察が上告を断念して無罪が確定。建造物侵入罪などにも問われた旭川事件の４人の審理は最高裁に移った。

裁判は全国の注目を集め、一審で５人だった弁護団は４００人余に膨れ上がっていた。その中心だった尾山は「戦後の教育改革と教育権の独立」をテーマに大法廷の弁論に立った。戦前の国家主義的な教育が戦争に導いた反省から、現憲法の制定議会で教育権の独立が議論になり、「不当な支配」を排す教育基本法の制定につながったと指摘。「この立法趣旨を十分考慮に入れた」判決を求めた。

願いはかなわなかった。

最高裁（裁判長・村上朝一）は76年５月、一転「学テは不当な支配に当たらず、違法ではない」として、公務執行妨害罪を含めて有罪の判決を言い渡した。学テの弊害が全国的に現実化し教育の自由が阻害される可能性は強くなく、正当化できないほど教育に対する支配力を持っていない――との理由だった。

学テは一審判決の後に中止されていたが、最高裁の判断は、刑事事件とは別に学テ反対闘争の懲戒処分取り消し訴訟に影響を与える。

61年と66年の闘争では全国で大量の教員処分を生んだ。北海道では、学テを実施しなかった校長たちを含め計約300人が停職や減給、戒告処分に。その多くが人事委員会に不服を申し立て、長期審理の結果、処分が維持された51人が83年、取り消しを求める行政訴訟を札幌地裁に起こした。ここでも教育学、行政法学、歴史学など多くの学者を証人に呼んで、教育の自由や教育権の独立を問う「教育裁判」が展開された。

6人の弁護団で最も若かったのが上田文雄(73)=元札幌市長=である。上田は、小学生の時に受けた学テで教師が正答を指さす不正「田植え」を目撃。中学では学テに反対して実施しなかった校長が処分された。学テの矛盾を目の当たりにしてきた体験を背景に学テの弊害を訴え続けた。

しかし、一、二審とも刑事事件の最高裁判決を踏襲。学テによる国の「不当な支配」(教育基本法違反)を認めなかった。弁護団は2000年、上告を断念。一審で一部の取り消しが認められたほかは処分が確定した。最初の闘争から実に40年近くがたっていた。

それから7年後の07年、全国一斉学テは「子どもたちに競争意識を持たせることが必要」との当時の文科相の発言もあり、43年ぶりに復活し、今日に至っている。

「再び教える側の競争心もあおることになり、学テの準備教育が行われている。40年にわたる反対闘争の成果は生かされているのか」。上田は割り切れない思いを語った。

家永教科書裁判——国家は教育内容にどこまで介入してよいか

〈明治憲法のもとでは学問の自由が保障されておらず、人文科学に対しては強い政治的制約が加えられ、研究の妨げられることが少なくなく——〉

検定意見「研究を妨げられなかった学者もいる」

〈国民は戦争について真相を十分に知ることができず、無謀な戦争に協力するよりほかない状態に置かれた〉

検定意見「『無謀な』の削除を」

「本土空襲」「原子爆弾とそのために焼け野原となった広島」「戦争の惨禍」(義手で街頭募金を求める元兵士)と題する写真

検定意見「全体として暗すぎる」

東京教育大教授だった家永三郎は、自ら執筆した高校用日本史教科書『新日本史』の1962(昭和37)年度と63年度の検定で文部省の調査官からこのような意見を付けられ、不合格になったり、修正を余儀なくされたりしていた。

敗戦後、民主化が進められた日本。教科書も軍国主義に染まった画一的な国定に代わって、民間が著作・発行する多様で創意にあふれたものを公選制の教育委員会が検定する仕組みになった。ただ、用紙供給不足が解消するまで検定は文部省が暫定的に代行するとされた。

しかし、50年代に入って東西冷戦が激化すると、ＧＨＱ(連合国軍総司令部)は占領政策を反共的に転換。教育の統制も再び強まっていった。教育委員会は任命制に変わり、検定権限は文部大臣に恒久化された。

保守勢力が勢いづき、日本民主党(後の自民党)が「うれうべき教科書の問題」と題するパンフレットを発行するなど社会科教科書は「偏向」攻撃にさらされていた。文部省は検定調査審議会委員の大幅増や教科書調査官としての専任職員の配置など検定を厳しくしていった。

旧憲法下の戦時中、家永は学問の自由が抑圧されるのを目の当たりにしてきた。東京帝国大の学生時代、家永が愛読していた美濃部達吉(元東京帝大教授)の憲法学説が反国体的と攻撃され、著書の発禁、貴族院議員辞職に追い込まれた。天皇機関説問題である。家永自身も東大卒業後の史料編纂《へんさん》所時代に発表した論文が「不敬」とされ撤回せざるを得なかった。

そんな原体験から家永が教科書検定の不当性を訴える裁判闘争を決意したのは、63年度の再申請検定で約３００カ所にわたる修正要求を突きつけられた後。教科書著作をやめるか、涙をのんで少しでも良心的な教科書を教室に送り、真実を問う闘いの場を求めるか悩んだ末のことだった。

弁護士の新井章《あきら》(91)が、初めて家永に会ったのは、旭川学力テスト事件の裁判で家永を証人に呼んだ同僚の尾山を介してだった。家永に闘士のイメージを抱いていた新井は、温顔で小柄、きゃしゃな姿に驚いた。頑健ではなく、生水を飲まないよう湯を入れた小型ポットを持ち歩いているのも印象的だった。

しかし、家永が最初から裁判の長期化を予期して「自分の身に万一のことがあった場合、誰が訴訟を引き継ぐか家族会議を開いて決めた」と打ち明けたとき、「意志と責任感の強さに感服した」という。

新井は、家永から教科書原稿や文部省の検定意見告知の速記録などを預かるとともに、出版社の三省堂の関係者から検定制度の仕組みや運用の実情などを聞き、尾山と検討を重ねた。その結果、検定の違憲性、違法性を問う初の訴訟として十分やっていけるとの結論に達し、家永に受任の返事をした。62、63年度の検定に対し国家賠償を求める第1次訴訟(65年提訴)。66年度の検定に対し不合格処分の取り消しを求める第2次訴訟(67年提訴)。さらに80、83年度の検定に対し国家賠償を求める第3次訴訟(84年提訴)。

家永の執念は、裁判史上まれに見る32年間の訴訟を闘わせることになる。

憲法学者も検定の実態を証言

第1次訴訟、第2次訴訟ともに一審では法学や歴史学、教育学などの学者、各教科の現場教師らが証人として数十人出廷した。

法令の解釈だけでなく、教育や歴史の理解に基づく判決を求める家永側弁護団の戦略。文部省も対抗する証人を立てたため、数が増えた。家永に言わせると、法廷は「連続長期講座」の様相を呈した。その一人が、実証的な研究で憲法学界をリードした東京大教授、小林直樹である。67年4月、第2次訴訟の東京地裁法廷に家永側証人として立った。

小林も高校用教科書『政治・経済』の政治の部分を執筆。検定で数十カ所の修正を求められた経験があった。新井の尋問に、その実例を次のように挙げた。

自衛隊の存在について違憲説と合憲説があるという記述に対し「議会主義のもとで認められた自衛隊の合法性を考えるべきだ」と指示された。

人権に自然法的、前国家的な基本性があるとの説明に対し、「公共の福祉のために人権は当然、制限があることを強調すべきだ」と要求された……。

小林は「全体の傾向として見ると、憲法の民主的な要素についての強調をなるべく和らげるか、希薄にするような方向の指示が強かった印象がある」と証言。政権の意向を忖度《そんたく》した検定が行われたことをうかがわせた。「教科書として出したいという念願のために妥協せざるを得なかった。率直に申して非常に苦しい気持ちを今もって感じている」

さらに、検定の憲法上の問題を問われたのに対し、23条(学問の自由)と26条(教育を受ける権利)を照らし合わせて考えると、教育をよりよく国民のものとするためには権力からの独立が必要で、行政官庁が教育権に対する統制をするのは望ましくないと主張。「現在の教科書検定の制度は早急にやめるべきだ」と言い切った。新井は「信州人らしい気骨を感じた」と振り返る。

その新井が「目からうろこが落ちる思いがした」という証言がある。教育学者の堀尾輝久(89)である。小林証言から約2年後の69年2月、同じ法廷に立った。「初めてのことで、非常に緊張した」と回想する。

堀尾は東大法学部の学生時代、通常は4年生が入る政治思想史の丸山真男ゼミに3年生で所属。丸山が病気で休んでいる間、代講で家永の講義を受けた経験がある。その後、人間形成自体を探究したいと大学院で教育学専攻に転じ、証言時は東大助教授だった。

堀尾の証言の特徴は、教科書検定の違法性を法律論以前の「教育の本質」から切り込んだことにある。長時間に及ぶ証言を要約すると、次のようになる。

▽教育は、固定した大人のモデルに近づけることではなく、子ども一人一人の持っている可能性を全面的に開花させる営みである▽教師の任務は、そうした子どもの成長発達と学習の権利を充足させることで、子どもや教育内容の研究者でなければならない▽その研究と教授は創造的な行為で、自由が要請される▽教育の自律性と教師の自由を守るために国家権力の教育内容への介入は許されない――。

堀尾の記憶では、この日の証人尋問は時間切れになった。すると、裁判長の杉本良吉(2004年死去)が言った。「続きをやりましょう」。9日後に期日を入れ再開された。

それから約1年半後。堀尾証言を色濃く反映した画期的な判決が出る。

検定違憲の画期的判決、判事の思い

「検定不合格処分は、いずれも取り消す」

1970(昭和45)年7月17日、東京地裁の法廷。裁判長の杉本が主文を言い渡すと、原告席の家永は、ぐっと胸を反らした。10分間の判決骨子朗読が終わって立ち上がった杉本ら3人の裁判官に、満席の傍聴席から拍手がわき起こった。

家永が執筆した高校用教科書「新日本史」を巡り、66年度の文部省検定の不合格取り消しを求めた第2次訴訟。審理は順調に進み、62、63年度検定での修正要求に対する損害賠償を求めた第1次訴訟を追い抜いて最初の判決となった。

判決理由で杉本は、教育権は誰にあるのかという論から展開した。要約すると、次のようになる。

▽子どもは未来に可能性を持つ存在であることを本質とするから、将来、人間性を開花させるべく学習し、自らを成長させることは子どもの生来的な権利▽このような子どもの学習する権利を充足し、人格の完成とともに文化の継承、民主的、平和的国家の発展を担う国民を育成する精神的、文化的営みが教育の本質▽それに鑑みると、子どもを教育する責務を担う者は、親を中心として国民全体――。従って、国家に与えられる機能は教育の諸条件の整備に限られ、「国家が教育内容に介入することは基本的に許されない」とした。

家永の教科書に対する検定は、思想(学問研究の成果)内容を国が事前審査するものだから憲法21条2項の禁止する検閲に該当。さらに誤記、誤植、学問的見解に関わらない客観的に明白な誤りではない記述内容の当否に介入し、教育基本法10条(不当な支配の禁止)に違反する、と結論付けた。

教育権が国家ではなく国民にあることを初めて認めた「杉本判決」として名高いが、長野県飯田市出身の判事が杉本に次ぐベテラン(右陪席)として判決に関与していたことは、あまり知られていない。中平《なかだいら》健吉(2015年死去)である。

1925(大正14)年、農家の四男として生まれた。貧しかったが満州(中国東北部)で衛生兵をしていた長兄(戦死)の仕送りで中学に進学。敗戦の翌年、新憲法を学ぶために東大法学部に進み、裁判官になった。

クリスチャンの家に生まれた中平には、天皇崇拝を求められた戦前の抑圧体験があった。小学生の頃、「キリスト教は国賊」と言われたこと。日曜日に母の言いつけを守って教会に行き、学校の近村連合体育大会を欠席したことを教師にとがめられ、往復びんたを食らったこと……。家永教科書裁判に関わっているとき、びんたの体験がよみがえり、「教育の責任者は親であるべきで、政府の方針に従って教える教師であってはならない」との確信があった（自著『世に遣わされて』）。

国家の支配し得ない人間の内面的価値に極めて密接な関係がある教育について、国家権力の支配の限界を画し、自由を国民と教師に保障すること。それが裁判官に課せられた義務だった——。そんなことを自著で振り返っている。判決文を読むと、中平の思いが刻まれていることが分かる。

家永教科書裁判は、第1次から第3次まで家永勝訴、一部勝訴、敗訴などと紆余《うよ》曲折をたどる。そして97年8月、「七三一部隊」などの記述に対する検定意見は違法との第3次訴訟最高裁の判決で、32年に及ぶ法廷闘争は終結。訴訟は事実上、教科書検定の行き過ぎを監視する役割を担ってきた。

それから17年後の2014年。安倍晋三政権下で検定基準は「政府見解に基づく記述を尊重する」よう改定され、記述内容への政府の関与は強まった。

「それはいかんというのが、家永教科書裁判だった。家永さんが問うたことをもう一度よみがえらせる必要がある」

家永の代理人弁護士として32年間伴走した新井は強い口調で言った。

第5章　思想・良心の自由（19条）

「麹町中学内申書裁判」の保坂展人（本人提供）

（19条）

思想及び良心の自由は，これを侵してはならない．

三菱樹脂事件――「好ましくない」考えで採用拒否

『憲法を守れ』というのが口癖でした。勉強家で納得できないことはとことん追究していました」

２０２２年7月末、東京都練馬区の高齢者施設。高野重子(78)は取材に対し、半世紀以上前から共に裁判闘争を闘った亡き夫、達男の思い出をはっきりした口調で語った。傍らで聞く長男憲一(50)の名は、憲法を守るという達男の願いから付けられた。

高野達男は１９６３(昭和38)年、東北大法学部を卒業し、大手合成樹脂メーカーの三菱樹脂(当時)に幹部候補として入社した。３カ月の試用期間が満了する6月下旬、総務部長に呼び出されて告げられた。「今度、君に辞めてもらうことになった。依願退職してもらいたい」

真面目に仕事をしてきた高野には意味が分からず、何度も理由を尋ねたが、総務部長は「入社試験の際に出した身上書に書くべきことを書かなかった」「君の考えていることが会社にとって好ましくない」と答えるだけで、具体的には言わなかった。３時間の押し問答が続き、高野は退職願を書かずに部屋を出た。

会社にとって「好ましくない」考えとは何か。高野に思い浮かぶのは、大学時代に日米相互協力及び安全保障条約(新安保条約)に反対したこと、生活協同組合(生協)の活動に関わったことぐらいだった。

高野は戦争中の40年に神戸市で生まれた。5歳の時、大空襲に見舞われ、焼け出されて逃げ惑った。全身焼けただれた若い女性が泣きながら「殺してください」と頼んで歩いている姿が脳裏に焼きついている。再び戦争に巻き込まれる懸念から多くの学生とともに「安保反対」のデモに加わったのは必然だった。

生協も貧しい学生生活を少しでも良くしようとアルバイトの仕事をした。そのどこがいけないのか。「自分の生き方まで否定する会社に屈すれば、自分の良心に対して一生、後ろめたい気持ちで生きていくことになる」。高野は会社と闘う覚悟を固めた。

しかし、現実は厳しかった。翌日、いつも通りに出勤すると、総務次長から「荷物をまとめてすぐ帰れ」と言われた。労働組合に相談に行っても「君はまだ組合員ではないから」と取り合ってもらえない。高野と同期入社の36人は7月1日付で全員本採用になり、自動的に組合員になっていた。

そのうち解雇通知が届き、2週間以内に社員寮を退去するよう求められた。へばりついて仕事を続けていた会社の机も取り払われ、廊下の来客用ソファに座っていると、それも撤去された。

高野の孤独な闘いは、地域の組合の連合組織である千代田区労働組合協議会(労協)に相談したのをきっかけに転換する。労協が会社に申し入れなどの動きを見せる中で、三菱樹脂労組も「高野の処分を認めれば、今後抽象的な理由での首切りを許すことになる」と支援を決め、労組横断の「高野君を守る会」が結成された。「守る会」は母校、東北大や全国大学生協連合会などにもつくられ、翌春には会員が700人を超えて運動を支える原動力となる。その一人が同じ会社で働く重子だった。

支援を受けた高野は9月、地位保全の仮処分を東京地裁に申請した。「東北大川内分校自治会の中央委員だったのに身上書に書かなかった」。裁判の中で会社側は初めて具体的な本採用拒否理由を明らかにし、証拠として高野の名前が入った自治会ビラの写しを提出した。しかし、当時の自治会役員の証言によって、ビラにあるのは自治会役員選挙の立候補者推薦人の名前で、高野自身は中央委員になっていないことが証明された。

高野不当解雇撤回対策会議編の記録集『石流れ木の葉沈む日々に』(労働旬報社)によれば、裁判では身上書への不記入をめぐって裁判長橋喬と総務部長の間でこんなやりとりがあった。

裁判長：それでは柔道部の役員を書き落とした場合はどうですか。

総務部長：重要ではないので採用します。

裁判長：書き落としたのが理由ではなく、学生運動に共鳴する者は採用しないということではないですか。

総務部長：まあ、その当時分かっていれば採用しませんでした——。

翌年4月、地裁が出した決定は明快だった。

本採用拒否は、信条を理由とする差別的取り扱いとして憲法、労働基準法に違反し、無効である——。

思想信条の調査「許されない」と高裁判決

古びた1枚のモノクロ写真。安保反対などのプラカードを掲げる学生のデモ隊の脇を走る詰め襟姿の男性がピンボケで写っている。

「会社側は、これが高野だと、裁判所に証拠提出したんです」。2022年7月下旬、三菱樹脂事件の原告代理人を務めた弁護士塙《はなわ》悟(89)を訪ねると、写真をテーブルに置いて説明した。

「会社側は高野をデモのリーダーで、扇動したと裁判官に心証を与えたかったのでしょう。しかし、その立証趣旨も写真の出どころも一切、ノーコメントだった」と塙。高野自身も写っているのが自分だとは認めなかったという。

写真は車の上からのような角度で撮られている。いったい誰が撮り、そして提供したのか。「恐らく公安警察でしょう」。塙は当時の三菱と警察権力とのつながりを示唆した。

東京地裁が「解雇は無効」との地位保全の仮処分を決定したにもかかわらず、会社側は抵抗を続けた。初任給は出すが原職復帰は認めず仕事は与えない。高野は毎日、出勤し自分で買ったタイムカード機で打刻。労働組合の事務室に詰めて、組合の仕事をするしかなかった。

高野は、支援する組合や弁護団などと検討し、事態を打開するため本裁判を提訴。支援の輪が広がるのを恐れた会社側は締め付けを強めた。記録集『石流れ――』によると、会社側は高野を支援する組合幹部らを「アカ」と攻撃。次々と地方に転勤させた。

その後、同じ会社で働く村田(旧姓)重子は「こんなにつらい思いをしているのに、いつもにこにこして組合ニュースを配っている」高野の人柄にひかれ結婚したが、それも妨害された。

重子などによると、管理職が父親の職場を訪れ「高野は共産主義者。それを知っていて結婚させるのか」と言ったり、同僚らに「結婚式に出席したら君のためにならない」「お嫁に行けなくなる」などと脅したりした。結婚式に同期生は一人も出席できなかった。結婚後の重子の昇給、ボーナス査定は同期の中で最低となり、管理職に聞くと「自分の胸に手を当ててみろ」と言われたという。

一方で、高野の復職を求める裁判は勝訴が続いた。

一審東京地裁（裁判長・駒田駿太郎）は１９６７年、会社側の判断は主観の域を出ず、「解雇権の乱用に当たる」と、雇用契約の継続を認める判決を出した。会社側は直ちに控訴した。

当時、労働事件などの判決を巡り、経済界から裁判官に対し「偏向」攻撃が強まっていた。二審東京高裁の結審が迫った時、高野と支援者は署名簿を携えて裁判長の近藤完爾（96年死去）に面会（当時は可能だった）。「勇気を持って憲法にのっとった判決を出してほしい」と要請した。すると、近藤はこう答えた。

「いや裁判官は良心に従って判決を書くだけです。別に勇気は要りませんよ」

翌68年に出た判決は、一審が触れなかった憲法判断に踏み込み、はっきりしていた。要約すると、次のようになる。

人の思想、信条は身体と同様、本来自由であるべきもので、憲法19条に保障されている。さらに人が信条によって差別されないことは憲法14条（法の下の平等）、労働基準法３条に定められている。入社試験の際、応募者に思想、信条に関係のある事柄を申告させることは、公序良俗に反し、許されない。応募者がこれを秘匿しても不利益を課し得ない――。

「事実上の違憲判断だった。会社側には打撃だったでしょう」と塙は振り返る。

しかし、上告審で一人の憲法学者が提出した意見書によって形勢は逆転する。

憲法学者、原告依頼断り三菱側に

宮沢俊義《としよし》（１９７６年死去）は、長野市が生んだ著名な憲法学者（東大名誉教授）である。

新憲法の制定に携わり、1950年代後半、岸信介内閣の憲法改正の動きに反対し、他の学者らと「憲法問題研究会」を結成して対抗した。同じ長野県出身で弟子の東大名誉教授、芦部信喜に言わせると、個人の自由と自律を最大限に尊重する徹底したリベラリストだった。

一、二審とも勝訴した高野の弁護団は、会社側の上告を受けて「リベラリスト」宮沢に白羽の矢を立てた。

「宮沢の基本書は司法試験に必読のオーソドックスなもので、常識的な判断が述べられていた。宮沢なら高野の本採用拒否が憲法違反との意見書を書いてもらえるのではないかと期待した」。塙は振り返る。

しかし69年春、弁護団の一人が宮沢に電話すると、「私は現在(大学を辞め)第一線を退いているので、具体的な事件にはタッチしないことにしている」と断られた。その宮沢が同年秋、三菱樹脂側から同社を擁護する意見書を提出。高野弁護団に衝撃が走った。その内容も弁護団には「変節」と映った。

宮沢意見書は、原告側が2011年に東北大法政資料調査室に寄贈し、収蔵されている「裁判闘争全資料」の中にある。要約すると次のようになる。

▽憲法の自由権、平等権に関する規定は、公権力による侵害を禁止する趣旨で、私人と私人の間の法律関係に直接適用されない▽私《し》人間《じんかん》でも法律を媒介として憲法の規定が適用される(間接適用)が、19条(思想・良心の自由)には、媒介する法律がない▽憲法14条の規定(信条などによる差別の禁止)は、労働基準法3条を媒介に適用されるが、「信条」に政治的意見は含まれない▽憲法は原則として企業の自由を保障しており、労働者の採用の際、その政治的意見の開陳を求め、採否を決める自由がある

――。

これは学界の大きな論議を呼び、憲法学者や労働法学者が反論の意見書を次々と最高裁に提出した。当時、東大助教授の奥平康弘（２０１５年死去）もその一人。「現代では、公権力に準じる力が精神的自由を侵害した場合、『公権力によるものではないから』との一事で処理することは困難。また、『信条』から政治的意見を除く論は憲法14条の実効性を無視することになる」などと宮沢説を否定した。

「主文　原判決を破棄する。本件を東京高裁に差し戻す」。73年12月、最高裁大法廷。裁判長村上朝《とも》一《かず》（87年死去）がそれだけ告げると、15人の裁判官は席を立った。原告席の高野も思わず立ち上がって叫んだ。「5年半も何を調べてきたんだ。最高裁は憲法を守れ」。普段、温厚な高野の豹変《ひょうへん》に妻重子が「お父さん、どうしちゃった」と心配したほどだ。

「憲法19条や14条は専ら国または公共団体と個人との関係を規律するもので、私人相互の関係を直接規律することを予定していない」「企業は雇用の自由を有し、思想信条を理由として雇い入れを拒んでも違法ではない」……。判決は宮沢意見書と同趣旨だった。

ただ、判決後半では、試用期間後の本採用拒否は雇用後の解雇に当たり、雇い入れの段階と違い企業側の自由に一定限度の制約がある――との判断を示し、三菱樹脂側の主張にもくぎを刺していた。

これが効いたのか、会社側は差し戻し審で東京高裁の和解勧告に応じ76年3月、和解が成立した。▽本採用拒否を撤回し、東京支店に配属する▽給与は大卒同期に準じる▽和解金２５００万円を支払う――。高野の13年に及ぶ闘いは事実上の勝訴で終わった。

高野はその後、順調に昇進、子会社の社長も務めた。脳梗塞で65年の生涯を閉じる１カ月半前、札幌学院大で講演し、学生たちにこう訴えた。「どんなに競争社会になろうとも一番大切なのは一人一人の人間です」

一方、三菱樹脂は統合で現在は三菱ケミカルとなり、ホームページに「人権方針」を掲げる。その一節。

政治的見解など事由を問わず、差別のない職場の実現に取り組みます――。

麹町中学内申書裁判――デモに参加したら受験で全滅

「中卒で大学にも行っていないが、裁判を通じて弁護士の議論を聞いたり加わったりした。自分の考えを文章にまとめて発表する機会も多く、自己形成の重要な場面だった。まさに裁判が学校だった」

2022年9月最初の日曜日、東京都世田谷区長の保坂展人《のぶと》(66)の後援会事務所を訪ねた。保坂は、中学の内申書(調査書)に政治活動をしたことなどが書かれ、受験した全日制高校全てが不合格になった半世紀前を振り返った。

保坂が千代田区立麹町《こうじまち》中学に入学した1968(昭和43)年、大学では体制変革を求める学生運動が激しく燃え盛り、翌69年1月には東大安田講堂を占拠した全共闘(全学共闘会議)と機動隊の攻防が繰り広げられた。

国会議事堂や首相官邸、最高裁など国の中枢に近い場所にある中学は当時、エリート校と呼ばれ、入学式で校長は「麹町中は日本一の中学です」と自慢したという。やがて保坂は受験一辺倒の管理教育に反発、全共闘運動に強い影響を受けていく。3年生になると、「麹町中全共闘」を名乗り、「中学生総反乱」を掲げ、ガリ版刷りのビラを校内で配るようになる。

文化祭では他校の仲間ら10人とヘルメット姿で校内に入った。教師に管理された文化祭の「粉砕」を叫んで校舎屋上からビラをまき、校庭をデモ行進。警察に通報され、全員補導された。それでも

「ビラまき、掲示の自由を」などと訴えるビラ配布を続けた。

高校受験シーズンに入った71年1月。生徒が願書とともに志望校に出す封印された内申書をクラスで保坂だけが渡されなかった。担任が直接、受験校に郵送するとのことだった。受験した私立4校、都立の学校群はいずれも不合格に。面接のある私立では全て政治問題や政治活動について聞かれ、保坂の内申書に書かれていることは明らかだった。

そして、3月の卒業式で事件は起きる。

式の混乱を懸念した中学側は、保坂を分離して午後に校長室で卒業証書を授与すると通告。納得できない保坂は皆と同じ午前の卒業式に出席するため制服制帽姿で母親と登校した。すると正門付近で警戒していた運動服姿の体育教師と入れろ入れないの押し問答に。駆け寄ってきた5人の教師が保坂の手足を取って持ち上げ、あおむけの宙づり状態で運び、あらかじめ用意していた教室に監禁した。

保坂の証言によると、教室から出ようとすると体育教師に倒され、「逆えび固め」と言いながら両手を逆手にひねり上げて顔を床に押しつけられた。そこに3人の教師がのしかかった。「これが教育か」と訴える保坂に対し、教師が答えた。「ああ、教育さ。俺たちを甘く見るんじゃないよ。10年たったら分かる」

その後、同じ中学の1年生の父親で市民活動家の昌谷《さかや》忠海《ただみ》(89年死去)の仲介で高校側の協力者から保坂の内申書の情報がもたらされた。特記事項欄には麴町中全共闘の活動や文化祭闘争のほか、こんなことも書かれていた。

〈大学生ML派の集会に参加している。学校当局の指導説得を聞かないでビラを配ったり、落

書きをしたりした〉

ＭＬ派とはマルクス・レーニン主義の党派名である。

また、欠席の主な理由欄には〈デモ（集会）に参加して疲労のため〉との記述も。「基本的な生活習慣」「自省心」「公共心」の評価はいずれも一般的に書かれる例がない最低の「C」だった。

保坂は家を出て印刷所でアルバイトしながら都立高の定時制に通った。昌谷から裁判を起こすことを勧められたが、乗り気ではなかった。「エスカレーター式ではなく、自分の生き方を自分で決めていく自由に魅力を感じていた。裁判によって15歳の時点を虫ピンで止められるのが嫌だった」と保坂は言う。

それでも新宿のとんかつ店で昌谷から「これは裁判にかけて世に問う普遍的な問題。君以外に原告になれる人はいない」と説得され、「何が自分をこうさせたのか、記録に残すことにも意味がある」と提訴を決意した。

この時、16歳。保坂にとっては16年に及ぶ「学校」の始まりだった。

広がる支援の輪

「これが中学を卒業したばかりの子かと驚くほど堂々としていた」

２０２２年9月初め。麹町中学内申書裁判の原告代理人を務めた弁護士中川明（81）を取材で東京の事務所に訪ねると、当時15歳の保坂に初めて会った時の印象をこう語った。この頃の保坂はまだ、「象徴として原告になることは拒否する」と裁判に否定的だった。

昌谷が相談した自由人権協会を通して、弁護士になって2年目だった中川に担当が割り振られた。

「当時、判例や学説もなく、裁判で何を軸にどう主張すればいいのか全く分からなかった」

一方で昌谷は知人を介してもう一人の弁護士に当たっていた。のちに民主党政権で官房長官を務める仙谷由人《せんごくよしと》(2018年死去)である。この時、仙谷は弁護士1年目。司法修習同期で同じく在日韓国人に対する就職差別の裁判に関わっていた秋田瑞枝(76)を誘って取り組むことにした。保坂が麹町中で管理教育に反対するビラをまいていた時期、秋田も近くにあった司法研修所の門で、仙谷らとともにビラを配っていた。青年法律家協会(青法協)会員の裁判官任官拒否問題で最高裁に抗議するものだ。保坂とはそんな共通点があった。

1、2年生の弁護士3人は何度も集まって検討を重ねた。その結果、内申書問題については憲法19条(思想・良心の自由)、26条(教育を受ける権利)の違反などを主張の柱とすることを決めた。保坂の同意を得て東京地裁に訴状を提出したのは72年3月だった。

その3カ月後、3人は長野県飯田市出身の中平《なかだいら》健吉(2015年死去)を弁護団長に迎える。中平は東京地裁判事として家永教科書裁判で「検定の運用が違憲」とする判決に関与。その後、クリスチャンとして「牧会活動事件」の牧師を支援するため弁護士に転身していた。この事件は、学園紛争に関わり建造物侵入などの疑いで警察に追われていた高校生2人を牧師が宗教上の職責として教会にかくまい、犯人蔵匿罪に問われていた(無罪確定)。中平は、この事件と内申書問題を「内心の自由」で重ね合わせ、団長就任を了承した。

初めて裁判になった内申書問題は、同じ悩みを抱える父母らの共感を呼び、支援の輪を広げていった。『家庭内離婚』などの著書がある長野県岡谷市出身の作家林郁(86)もその一人。林は読書会で一緒だった保坂の父から展人の話を聞いた。当時高校2年の長男、中学2年の長女がいた林にとって「明日のわが子の運命」。支援組織「内申書裁判をささえる会」に入り、裁判傍聴を重ね、弁護団に頼まれて母親としての意見書を地裁に提出する。

〈(内申書を)教師はオールマイティー(万能)の立場で記載でき、生徒は何の力も持っていません。その一方的な上下関係、秘密性は疑心暗鬼を招き、内申点を上げるためには教師の機嫌を損ねないようにしなければなりません。内申の切り札で生徒を意のままにしようとする教師に対して保護者もまた無力です〉

林は実例を挙げながら内申書による教育のゆがみを告発した。

この裁判が異例だったのは、民事訴訟では通常1回程度の原告本人尋問を8カ月かけて5回行ったことだ。

保坂は高校定時制を中退、労働しながら社会を学ぶために長野県川上村のレタス農家に住み込みで働くなどし、青年労働者の自己教育組織「青生舎」を設立していた。弁護士の尋問では、生いたちから麴町中事件を経て今日に至るまで22年の人生を「1冊の本になるぐらい」(中川)語った。締めくくりに「政治活動をしたから内申書に書く、高校に入れない、社会から抹殺していくということが今後もまかり通っていけば、大変な事態になる」と訴えた。

裁判長の宇野栄一郎(94年死去)は、本人尋問を切り上げる指示をせずに耳を傾け、最終回は自らが中心になって保坂に質問した。

「真摯な」活動が「異常な」に判決逆転

「14、15歳からの青年期前期は、つくられていた自分がつくる自分に変わる第2の自我形成期。重大な懐疑と選択の時期ということができる。この年齢段階での評価は格別に慎重を要します。人間になるための厳粛な選択が行われている過程ですから」

一審東京地裁では多くの教育関係者らが証言台に立った。特に東大教育学部教授だった大田堯《たかし》(2018年死去)の解説は、聞く者に感銘を与えた。

1979年3月、地裁の法廷。

「公立中学校においても生徒の思想、信条の自由は最大限に保障されるべきであって、それによって生徒を分類評定することは違法」

宇野が判決文を読み進めると、満席の傍聴席から拍手が起き、宇野がいさめる一幕があった。

判決で宇野は、保坂の中学時代の活動を「いささか穏当を欠く」としながらも、次のように述べて大田証言の反映をうかがわせた。

「中学2、3年時は、青年特有の正義感や独善的な思考により、往々にして既成の秩序に対する激しい反発的行動となって現れることもあり得る。このような自我形成期にあることを考えると、慎重な配慮をもって対応しなければならない」

さらに「中学生として真摯《しんし》な政治的思想、信条に基づく言論、表現の自由にかかる行為」を内申書でマイナス評価することは許されないと指摘。「教育評価権の裁量の逸脱」「高校に進学して教育を受ける権利の侵害」と厳しく中学側の対応を批判した。保坂を皆と同じ卒業式に出席させないため教室に監禁した教師たちの行為と合わせ、都と区に対し200万円の賠償を命じた。

この頃、大人不信、社会不信の塊で、裁判所も信用していなかったという保坂。「勝つとは全く予想していなかった。負けた時に語る言葉しか考えていなかった」と振り返る。原告弁護団長の中平は「法理的にも事実認定についても優れた判決。後世に残る金字塔」と評価した。

内申書が子どもや親を縛っている現状を書いた意見書を地裁に提出した作家の林。傍聴席で判決を聞いているうちに涙が込み上げてきた。閉廷すると、公衆電話に走り、裁判に関心を持っていた当時中学2年の長女に勝訴を伝えた。「ほんと？　じゃ受験地獄がなくなるの」と聞かれて答えられなかった。この判決だけで状況が変わるとは思えなかったからだ。

都と区は即日、控訴。東京高裁裁判長の石川義夫は、原告側が新たに申請した教育学者、憲法学者らの証人を認めず82年5月、判決を言い渡す。

一審が「真摯な政治的思想に基づく」とした保坂の活動は「中学生としては明らかに異常な行動」と認定。「その事実を（内申書で）知らしめ（高校の）入学選抜判定の資料とさせることは、思想信条の自由の侵害でもなければ、教育上の差別でもない」と正反対の判断をした。そこには大田が証言した「成長過程での慎重な配慮」という視点はなかった。

卒業式事件については保坂の行動にも一因があったとして賠償を大幅に減額。10万円の慰謝料だけを認めた。最高裁判決（88年7月）に至っては内申書に書かれたのが「（行為であって）思想、信条そのものではない」という形式的な判断で保坂の上告を棄却。保坂の16年余に及ぶ裁判闘争は終わった。

保坂は高校定時制を中退して職を転々とした後、教育ジャーナリストとして活動。96年から衆院議員に3回当選し、取材当時、東京都世田谷区長3期目。16歳で提訴して2022年で50年の節目を迎え、こう感慨を語った。

「内申書に何を書いても裁量権の範囲という判例が残ってしまったのは残念だ。一方で今や、気候変動対策を求めるデモに中学生、高校生も堂々と参加している。時代がようやく追いついてきた」

日の丸・君が代強制訴訟――「歌わない自由」はないのか?

安倍晋三元首相の国葬が行われた2022年9月27日午後。国会議事堂正門前で開かれた抗議集会の1万人を超える人波の中に、元都立高校教諭の片山むぎほ(73)=東京都=はいた。弔意の強制や同調圧力が起きかねない国葬の実施に、20年近く前に体験した君が代斉唱の強制が重なった。思想・信条の自由が再び侵される。その危機感から反対の声を上げた。

〈国旗掲揚及び国歌斉唱の実施に当たり、教職員が本通達に基づく校長の職務命令に従わない場合は、服務上の責任を問われることを、教職員に周知すること〉

石原慎太郎都政下の2003年10月23日付で、都立学校長あてに発せられた都教委教育長通達(10・23通達)。入学、卒業式などで君が代を起立斉唱しない教職員は処分することを明記していた。事実上の強制に教育現場の動揺が広がった。

「日の丸・君が代」強制の動きは、その14年前の1989年学習指導要領改定から始まった。「儀式などを行う場合には(中略)、国旗を掲揚し、国歌を斉唱させることが望ましい」とされていた部分が「入学式や卒業式などにおいては(中略)国旗を掲揚するとともに、国歌を斉唱するよう指導するものとする」と書き換えられた。「儀式」が具体的に特定され「国歌斉唱」などが義務化されたのだ。

これを契機に、文部省(当時)は都道府県教委への指導を強めていく。99年2月には卒業式を前に、広島県教委の君が代斉唱指示と、これに反対する教諭たちの板挟みになった県立世羅高校長が自殺。

政府は、日の丸(日章旗)、君が代に法的根拠を持たせるため国旗国歌法を制定、同年8月に施行した。ただ、当時の野中広務官房長官は「強要するものではない」と国会答弁していた。

にもかかわらず同省は法制定を奇貨として働きかけを強め、全国的にも君が代斉唱の実施率が低かった東京都の教育委員会は2003年7月、実施徹底に向けて対策本部を設置。通達、校長の職務命令、従わない教員の処分——という流れが確実になっていた。

当時、都立志村高校の教諭だった片山が、君が代斉唱に反対したのは、天皇制や侵略戦争の象徴だったからだけではない。長女が重度の心身障害児として生まれた。養護学校の入学式では車いすに乗ってみんなの温かい拍手に迎えられ、片山は涙が止まらなかった。「そこには強制される旗も歌もなかった。一人一人の成長を願うのが教育の原点。画一的、強制的に行うものではない」

勤務先の高校で迎える卒業式では起立斉唱しないと決めていた。このまま座して処分を待つしかないのか。その前に何とかする方法はないか——。片山は高校時代の友人で、独協大の教育法学の教授だった市川須美子(72)=現名誉教授=に相談した。

訴訟は、事が起きて権利が侵害されてから起こすのが一般的。日の丸・君が代問題でもこれまでは起立斉唱に従わない場合、懲戒処分を受け、人事委員会に不服申請。棄却されると処分取り消しを求める行政訴訟を起こして闘ってきた。だが、入学、卒業式は毎年巡ってくる。抵抗の姿勢を貫けば処分されるたびに提訴を繰り返さなければならない。

「先制的に闘う方法はないか」。市川の脳裏に浮かんだのは、当時から30年余前の1972年に出された「長野勤評事件」最高裁判決だった。

教職員の勤務評定で、校長のほか教職員にも自己評価を求める長野県教委の通達に対し、県高教組が思想・表現の自由を保障した憲法に反し、記入しなければ不利益処分を受ける恐れがあるとして、記入義務不存在の確認を求めた訴訟。最高裁は「義務違反の責めを負うことが確実ではない」と訴え自体は退けたが、こう判示していた。

〈義務の履行によって侵害を受ける権利の性質、侵害の程度、違反に対する不利益処分の確実性などに照らし、処分を受けてから訴訟で事後的に義務の存否を争ったのでは回復しがたい重大な損害を被る恐れがある場合は別として――〉

市川は、最高裁調査官（判事の審理を補佐する裁判官）の解説も読み、確信した。「起立・斉唱義務不存在の確認訴訟（予防訴訟）でいける」

この時の判断がやがて注目すべき判決を生むことになる。

「違憲、処分してはならない」画期的判決

東京都教育長の「10・23通達」後の最初の卒業式を迎える前に、都立高校15校で創立の周年行事が予定されていた。それらの高校では異様な光景が繰り広げられていた。

「起立斉唱」を命じる校長の職務命令書が教職員に渡された。ほとんどの教職員が初めて目にするものだ。「受け取りません」「ここに置きましたよ」「当日は休暇を取ります」「それは認められない」……。教職員と校長の間でこんな押し問答があった高校も。当日は、式典会場に都教委から指導主事らが派遣され、校長、教頭とともに起立斉唱したかどうか確認した。

ある高校教員の証言では、都教委から8人の職員が派遣され、壇上に上がった「来賓」の2人以外は、教職員の後ろ、2階席、会場の出入り口に分かれて教職員を監視。この教員が君が代斉唱時、着席したままだと、式終了後、舞台下の小部屋に呼び出され、都教委職員2、3人が待ち構えていた。職員の立ち会いを拒否すると、校長と教頭が「着席」の事実を確認。後に都教委に呼び出されて事情聴取を受けた。重い処分になり、繰り返すと免職もありうると告げられたという。

処分を受けてから取り消しを求める訴訟ではなく、事前に君が代斉唱の義務がないことを確認する「予防訴訟」を提案した市川。都立大の学生時代、教育法ゼミの後輩だった加藤文也《ぶんや》(71)に提訴の具体的な検討を依頼した。

加藤は学生時代、家永教科書裁判で「国家が教育内容に介入することは許されない」とした一審判決(杉本判決)に感動し、この裁判を中心的に担っていた法律事務所に入所した弁護士。過去に例がない君が代強制予防訴訟の弁護団づくりに奔走した。

ただ慎重論もあった。もし、この訴訟で「10・23通達」が合憲・合法との判決を引き出してしまえば、その後に予想される多くの処分取り消し訴訟が不利になるとの意見である。

しかし2003年12月、先行した処分取り消し訴訟で棄却判決が出ると、方向は固まった。入学式での君が代のピアノ伴奏を拒否して戒告処分を受けた都内の小学校教諭に対し、東京地裁が「公務員は職務上、思想・良心の自由の制約を受ける」とした。事後に争っても負ける——。「予防訴訟」の意義が再確認され、地裁への1次提訴に踏み切ったのは約2カ月後の04年1月末だった。

最終的に原告数は、君が代斉唱の強制に反対する都立高校などの教職員401人に上った。弁護団も50人を超え、加藤が事務局長に納まった。

裁判では多くの教職員が法廷に立ち、「10・23通達」によって現場に起きた問題などを原告として陳述したり、証人として証言したりした。中でも注目されたのは、卒業式当時の高校長の証言。事前に都教委から再三、細かい指導があった。例えば職務命令については「何日かかっても必ず手渡すること。受け取らない教員には、『それでは家に行って渡す』と言ったら翌日受け取った例がある」と言われた——。

最初の提訴から2年半後の06年9月。原告団の不安の中で判決を迎えた。

「通達に基づく校長の職務命令により国旗に向かって起立し、国歌を斉唱する義務のないことを確認する」「起立しないこと、斉唱しないことを理由として、いかなる処分もしてはならない」

裁判長の難波孝一（現弁護士）が主文を読み上げるたびに傍聴席でどよめきが起き、やがて多くの原告が涙を流した。

判決理由は明快だった。「日の丸、君が代が皇国思想や軍国主義思想の精神的支柱として用いられてきたのは歴史的事実。このため国旗掲揚、国歌斉唱に反対する者も少なくない。このような世界観、主義、主張を持つ者の思想・良心の自由は、他者の権利を侵害するなど公共の福祉に反しない限り、憲法上、保護に値する」「起立斉唱を拒否したとしても他者の権利を侵害しない。これを制約することは憲法19条に違反する」

「裁判史上初めて、日の丸・君が代の強制を違憲と認めた。感激した」。加藤は法廷での興奮を振り返った。

「寛容を」最高裁小法廷裁判長が判決に反対意見

一審判決から約４年半後の11年１月。東京都と都教委の控訴を受けた東京高裁の判決があった。「原判決(一審判決)を取り消す」。裁判長の都築弘《ひろむ》は、約４００人の都立高校教職員らの訴えを退けた。起立斉唱を強制する都教育長通達が「直接的に(教職員の)歴史観などを否定する行為を強制するものではないから、憲法19条の問題にはならない」「通達には合理性があるから教職員らの思想・良心の自由の侵害を認められない」……。明快だった一審判決から一転、理解が難しい判決理由だった。

そして翌年２月の最高裁判決。過去の最高裁判例を基に、校長に発せられた都教育長通達は「教職員との関係で憲法19条違反の問題を生じない」、それを校長が教職員に命じる職務命令も「19条に違反しない」と形式的に判断。教職員側の上告を棄却した。「起立斉唱」の義務がないことの確認を求める初の「予防訴訟」は敗訴が確定した。判決には、高裁と同様、日の丸・君が代に対する歴史的考察はなかった。

しかし、小法廷５人の裁判官のうち、１人だけ「多数意見に同意できない」と反対意見を書いた裁判官がいた。誰あろう法廷で上告棄却を告げた裁判長の宮川光治《こうじ》(80)＝弁護士出身＝その人である。

今は弁護士に戻っている宮川は22年10月上旬、評議(判決に至る議論)の秘密に触れない範囲でという条件で、初めてメディアの取材に応じた。

宮川にはおぼろげな戦争体験がある。幼少期の記憶は、中国からの引き揚げ船を待つ冬の数カ月を過ごした天津の港の寒い倉庫内から始まる。むしろを敷いて寝ていた。暖房はなく凍傷で手足の指がただれ、痛くかゆかった。凍死した人もいた。

父親が服飾などの店を営んでいた中国・青島で1942(昭和17)年に生まれた宮川。父などから聞いた話では、45年の初めごろ、現地の憲兵隊長から「日本の敗戦は確実だ。危ないからすぐに帰国した方がいい」と促され、店を閉めて一家4人、北京経由で帰国の途に就いた。天津から引き揚げ船が出ると聞き、木炭車を調達、北京から約100キロの道のりを移動。途中で故障し、地元の農家の納屋に泊めてもらった。

この時、3歳だった宮川は1人で遊びに出かけたまま行方不明になった。家族が必死になって捜し、一夜明けて、別の農家にいるところを当時17歳の姉が発見し、逃げるように連れ帰った。「混乱の中で、もし見つからなかったら自分も残留孤児になっていたかもしれない」と宮川。

最高裁判事になって迎えた中国残留婦人賠償訴訟。戦前・戦中に国策で旧満州(中国東北部)に移住し、敗戦時10代で30年以上取り残されて帰国した高齢女性3人が国に賠償を求めていた。2009年、原告敗訴で最高裁に上告が申し立てられた時、裁判長の宮川は自身の体験が重なった。

結論は「上告理由に該当しない」という不受理決定だった。だが宮川は、決定に意見は付さないという慣行を破って「受理して判断を示すべきだ」と異例の反対意見を付けた。「(支援の法律ができるまで)永住帰国後30~21年もの長きにわたり適切な支援を受けられなかったことに関し、国家賠償法上の違法があるか否かに議論の余地がある」

「少数者の人権を多数者の視点で見てはならない」が持論の宮川。それは日の丸・君が代強制訴訟判決の反対意見にも反映されている。

７ページに及ぶ反対意見は次のような言葉で締めくくった。

思想の多様性を尊重する精神こそ、民主主義国家の存立の基盤であり、良き国際社会の形成にも貢献するものと考えられる。……自らの真摯《しんし》な歴史観等に従った(君が代斉唱の)不起立行為等は、式典の円滑な進行を特段妨害することがない以上、少数者の思想の自由に属することとして許容するという寛容が求められている――。

第6章　表現の自由（21条）

「沖縄密約情報公開訴訟」の西山太吉（共同通信社）

（21条）
集会，結社及び言論，出版その他一切の表現の自由は，これを保障する．
②検閲は，これをしてはならない．通信の秘密は，これを侵してはならない．

沖縄密約情報公開訴訟――日米の約束、国民の知らないところで

――これ（米公文書）の左下に「BY」というイニシャルがありますが、誰のものですか。

「これは私のイニシャルでございます」

――右下にも、かすれていますがイニシャルがあります。誰のものですか。

「これはリチャード・スナイダーという当時の（駐日）アメリカ公使でして、私の沖縄（返還）交渉における相手でございました」

――この文書では、土地の原状回復費用として400万ドルを日本側が負担するということが（英文で）書かれていると思いますが、事実でしょうか。

「そうでよろしゅうございます」

2009年12月1日、東京地裁の法廷。沖縄密約情報公開訴訟の原告代理人弁護士、日隅《ひずみ》一雄（2012年死去）の尋問に、長野県松本市出身の元外務省アメリカ局長、吉野文六《ぶんろく》（2015年死去）がはっきりと証言した。沖縄返還協定に関し、日本政府側が一貫して否定してきた日米の「密約」の存在を初めて法廷で認めた瞬間である。

旧制の松本中（現松本深志高）から松本高（信州大）を経て東京帝大（東京大）法学部に進んだ吉野。聡明《そうめい》で、3年時に高等文官試験に合格して外務省に入省した。アメリカ局長時代に米国との沖縄返還交渉を担い、外務審議官や駐西ドイツ大使などを歴任し、82年に退官していた。

証言時の吉野は91歳。白髪で、補聴器を着けていたが、時折「何ですか」と質問を聞き返しながら、ゆっくり答えた。吉野を尋問したもう一人の弁護士、飯田正剛《まさよし》（68）は「感情の起伏はなく、淡々とした口調だった」と振り返る。

問題の発端は、証言から40年前にさかのぼる。

終戦後も米国統治下にあった沖縄。当時の佐藤栄作首相は日本への返還実現を掲げ、1969年11月のニクソン米大統領との会談で返還に合意。71年6月、返還協定が調印され、翌年5月、沖縄は本土復帰した。

この協定では、米軍が軍用などで占有していた土地を元の田畑などに戻す原状回復費用は米国が自発的に支払うことになっていた。これに対し、毎日新聞記者だった西山太吉は、外務省の女性事務官から入手した極秘電信文の写しを基に、原状回復費用400万ドルは日本が肩代わりする密約があったという疑惑を記事にした。

政府は「密約」を否定し続けたが、西山から電信文写しの提供を受けた社会党の横路孝弘（2023年死去）が国会で追及。写しが公表されたため出どころが分かり、国家公務員法違反容疑で女性事務官（秘密漏えい）と西山（漏えいのそそのかし）が逮捕された。

一審で女性事務官は懲役6月、執行猶予1年（確定）だったが、西山は「報道目的で正当行為」として無罪に。二審では「そそのかしに当たる」と懲役4月、執行猶予1年の逆転有罪になり、78年に最高裁で確定した。

一審判決後に退職して北九州市の実家に戻り、親族が経営する青果会社で働いた西山。2000～

02年、秘密指定が解除された米公文書の中から「密約」を裏付ける文書が見つかると、名誉を傷つけられたと国に損害賠償などを求めて提訴。一審は除斥期間(20年の請求権利期間)が過ぎたとして門前払いに。二審で同様に退けられた08年。日隅の所属する法律事務所に、飯田ら報道関連の訴訟を手がけている数人の弁護士が集まった。

そこにいた西山がこう切り出した。「私個人の名誉回復だけでなく、もっと広がりがある形で裁判ができないか」

飯田は「何とか一矢報いたいという必死の思いを感じた」という。

2時間以上続いた話し合いの結論は、「沖縄密約」の存在を裁判所に認めさせることだった。その前提として、密約に関する日本側の文書を国に情報公開請求する。請求人は西山だけでなくジャーナリストや学者などを募り、西山の言う「広がり」を持たせることになった。

飯田は、弁護団の中核にと、情報公開訴訟を多く手掛けている弁護士を誘った。小町谷育子(59)である。

沖縄密約を巡る第3の裁判が始まろうとしていた。

判決文に「知る権利」

米国立公文書館で秘密指定が解除された沖縄返還関係の米公文書。その中に日米両政府が国民に知らせない秘密の合意「密約」は3件あった。いずれも71年調印の返還協定に反した財政負担を日本側が行う裏約束。その要旨は、合意順に次の通りである。

①協定では、米資産の買い取り、核兵器の撤去など日本が米国に支払う費用は3億2000万ドルだったが、これを上回る財政負担をする(69年)

②協定では、米資産の買い取りは日本に移転されるものが対象なのに、米短波放送の中継局「VOA」を日本国外に移設する費用1600万ドルも日本側が支払う(71年)

③協定では、軍用地の原状回復費用は米が土地所有者に自発的に支払うとしているが、その費用400万ドルを日本が肩代わりする(71年)

西山が71年、外務省の女性事務官から入手した極秘電信文は③の密約を裏付けるものだった。

西山のほか作家や研究者、ジャーナリストなど計63人は08年、これらの密約の日本側文書を外務省や財務省に情報公開請求した。密約を否定し続けている両省は案の定、「不存在」を理由とする不開示決定処分に。翌年、このうち25人が処分の取り消しと精神的損害の賠償を求めて提訴した。

「私にとっては『運命の裁判』だった」。原告団の代理人になった小町谷は22年暮れ、都内の事務所を訪ねると、そう振り返った。

小町谷は、弁護士や法学者らでつくる公益社団法人、自由人権協会の会員で、04年から2年間、事務局長を務めた。協会は新憲法施行の1947年、「自由及び権利は、国民の不断の努力によって、保持しなければならない」(憲法12条)との規定を実現するため誕生。米軍統治下にあった沖縄で土地の強制的収容など人権問題の実態を調査。72年の日本返還実現の原動力になった。

さらに協会は、政府情報の「知る権利」を求めて情報公開法の要綱案を発表するなど99年の法制定を導いた。この二つの活動が重なる沖縄密約情報公開訴訟。小町谷には会員としての使命感があった。

ただ、役所が「ない」と言った文書について、どうやって「ある」と立証するのか。その存在を内部告発する職員でもいない限り不可能だ。裁判は国側有利とみられたが、東京地裁の第1回口頭弁論で裁判長、杉原則彦が意外なことを述べた。

「交渉相手のアメリカ側に公文書があるのだから、当然日本側にもあるはずとの原告の主張は十分に理解できる。文書がないというなら、なぜないのか合理的に説明してほしい」

訴えられた国側に積極的な説明責任を求めたのである。杉原は続けて原告側にこう尋ねた。「(米国との)交渉を担当した吉野文六氏の証人申請はどう考えているのか」。既にメディアの取材に密約を認めていた吉野の法廷での証言を促した。いずれも異例の訴訟指揮である。

「アメリカ側が英文で公表したので、いつまでも秘匿することはできない」と、吉野が密約を法廷でも認める証言をしたことなどを経て、初弁論から10カ月後の2010年4月。

「行政文書を不開示とする決定を取り消す」

「外務大臣は行政文書の開示決定をせよ」

杉原が判決主文を読み進め、原告への損害賠償も命じると、傍聴席のどよめきが大きくなり、3人の裁判官が退席後、拍手が鳴り響いた。

判決は、立証責任について「国が文書を作成、保有したことを原告側が立証すれば、国が廃棄などを証明しない限り、保有し続けていると推認される」と判断。さらに、損害賠償のくだりで「原告が求めていたのは、民主主義国家における国民の知る権利の実現」「国民の知る権利をないがしろにする外務省の対応は不誠実」と、「知る権利」を繰り返した。

「知る権利」は、憲法に書かれているわけではない。だが、表現の自由(21条)は「情報、思想を求め、受け、伝える自由を含む」(芦部信喜著『憲法』)と解される。小町谷は「判決文に明示されたのをあまり見たことがない。裁判官の信条の広がり、深さを見て取ることができる」と、その意義を強調した。

「判決を読めば分かる」裁判長発言の真意は

東京地裁が「密約」を示す日本側文書の全面開示などを命じる判決を出す直前、一つの報告書が公表された。

「いわゆる『密約』問題に関する有識者委員会報告書」である。

前年9月の政権交代で民主党政権が誕生。自民党政権時代には「ない」の一点張りだった密約について、当時の外相岡田克也が調査命令を発し、外務省の内部調査を経て有識者委員会が検証した。

対象となったのは、日米安全保障条約改定時(1960年)の核持ち込み容認など4件。その一つが、沖縄返還協定で米側が自発的に支払うとされた軍用地の原状回復費用400万ドルを日本側が肩代わりするという、今回の訴訟対象の密約だった。

一歩前進のように見えた調査の結果は、国の控訴を受けた東京高裁での審理で原告不利に働くことになる。

有識者委は、原状回復費用の肩代わりを(明確に文書化されてはいない)「広義の密約」と認めた。しかし、関連する日本側文書が存在しないことを擁護するように、こう指摘している。

「重要な交渉であっても、非公表の合意事項や交渉経緯に関する文書をあえて作成しないこともあり得た」「手続きに従って廃棄された可能性も捨て切れない」

「最悪の結果です」。翌11年9月。都合で判決言い渡しの高裁法廷を欠席した小町谷の携帯電話に、法廷にいた飯田からメールが届いた。

「原判決(一審判決)を取り消す」「開示決定を求める訴えを却下する」「その余の請求(損害賠償)を棄却する」

判決主文は原告の完敗を示していた。文書が廃棄された可能性があり、不開示決定時に外務、財務省が文書を保有していた証拠はない——というのが理由である。

「大敗北だ。判決は、廃棄されて無いものは仕方がないと言っているようなもの」。原告団の西山は記者会見で怒りをあらわにした。

小町谷には気になることがあった。裁判長の青柳馨が判決主文を読み上げ退席する前、原告団に向かって「判決を読んでもらえば分かりますから」と述べたということだ。異例の発言である。いったい何が分かるというのか。

判決は一審と同様、米国立公文書館で発見された米側公文書などから密約の存在を認めている。ただ、日本側文書については、一審が「一定水準以上の管理体制下に置かれることを考慮すれば、保有が継続していると推認される」としたのと異なる判断を次のように示した。

「外務省には(密約の)文書を秘匿する意図が強く働いていたことがうかがわれる。通常とは異なる場所に、限られた職員しか知らない方法で保管された可能性が高い。情報公開法の制定(99年)により請求に応じて公開しなければならなくなり、それまでの外務省の(密約はないとの)説明が事実に反することが露呈するのを防ぐため、法施行前に秘密裏に廃棄した可能性を否定できない」

判決は、うそがばれないように廃棄した可能性にまで踏み込んでいた。「国の責任を示唆している。『読めば分かる』とは、このことだったのか」。小町谷は今、敗訴であっても評価すべき点があるのではないかと考えている。

14年7月、最高裁は原告の上告を棄却。情報公開請求から6年近くかかった密約文書の開示を求める闘いは、文書は現存しないという結論で終わったが、飯田は「3審とも密約の存在を事実上認めた。裁判を通じて国のうその実態をあぶりだすことができた」と意義を語る。

北九州市の西山は22年12月、介護施設に入所。約2カ月後、この世を去った。取材はかなわなかったが、著書『決定版　機密を開示せよ』でこう書いている。

こうしたウソが平然とまかり通り、いまなお政治犯罪として裁かれることのない日本に、特定秘密保護法が施行されたのである。日本の主権者はこの恐るべき現実を改めて直視しなければならない——。

北海道警やじ排除訴訟――声を上げたら警察が

「街頭演説は政治家に特権を認めるものではなく、政治家に対して異見を直接述べる限られた場でもあります。政治家は聴衆の反応に触れ、たとえ不快な異見でも寛容に耳を傾け、時に反論・議論をすることで民主主義が機能する」

2023年3月上旬、歩道にも雪が多く残る札幌市を訪れた。傍聴席が満席の札幌高裁法廷。政治家(札幌市長)経験のある原告弁護団長、上田文雄(74)が、やじと民主主義について重い口調で意見陳述した。安倍晋三首相(当時)の街頭演説でやじを飛ばした男女2人を北海道警が強制的に排除したことに対する国家賠償請求訴訟。控訴審はこの日で結審した。

3年8カ月さかのぼる19年7月15日夕。札幌市在住の大杉雅栄《まさえ》(35)=男性=は、JR札幌駅前を埋めた千人を超える群衆の中にいた。参院選候補者の応援のために駆けつけた安倍の演説に集まった人たちだ。

ソーシャルワーカーとして生活困窮者支援の仕事をしていた大杉。安倍政権下で行われた生活保護費の基準引き下げに不満があった。もともと政治や社会問題に関心があり、自民党憲法改正草案や安全保障関連法にも反対だった。友人から首相が札幌に来ると聞き、「これは行くしかない」と訪れた。

安倍の演説が始まって間もなく声を上げた。

「安倍辞めろ」「帰れ」

すると、周囲にいた私服警察官の少なくとも2人が大杉の肩や腕をつかみ、さらに4、5人の警官が取り囲んでなだれ込むように後方に押しやった。「暴力で追放するのか」「これが民主主義か」と抗議する大杉。「排除された以上、もっと街宣車に近づいて声を届けなければ」と、回り込んで走り出すと警官らは抱き留めて制止し、肩や腕をつかんで移動させた。

大杉は、次の演説会場の札幌三越前まで徒歩とタクシーで移動。同様に「安倍辞めろ」と声を上げると、安倍に向かって指さした右手を警官らが押さえて制止し、肩や腕をつかんで街宣車から遠く離れたところまで連れ去った。警官らは「演説してるから、それ邪魔しちゃだめだよ」「選挙の自由妨害するようなことになっちゃう」などと話した。

大杉が札幌駅前で排除された5分後。別の場所から女性が声を振り絞った。

「増税はんたーい」「自民党反対です」

当時、札幌市内の大学4年生だった桃井希生《きお》(27)。知り合いの大杉が大勢の警察官に連れ去られるのを見て「加勢して声を上げなきゃと意を決した」。

桃井も安倍政権に批判的だった。当時、消費税率を8%から10%に増税する方針を示しており、アルバイトをしていた身には「生活をもっと悪くする」と映った。従軍慰安婦問題などの対応でも「差別を助長している」と考えていた。

その桃井のやじにも最大で8人の警察官が取り囲み、肩や腕をつかんで後方に押し下げた。桃井が駅前広場を西に向かって歩き出すと、今度は両腕に手を回し、聴衆エリアに行かないよう引き留めた。

「待って。私なんの法律違反しているの」

桃井によると、警察官らは「法律違反ではない」「みんな困っているから」などと答えた。
警察の干渉はこれで終わらなかった。駅前を離れようとする桃井に2人の女性警官がぴったりと付いて来る。レンタルビデオ店に避難すると入り口付近で待ち伏せ。桃井が出てくると追従を再開し、演説会場に向かわないよう約1時間、付きまとった。

この間、桃井はスマートフォンで動画を撮った。やり取りの一部を再現する。

桃井「どうしろって言うの私に」
警官A「さっき約束してって言ったじゃん」「声上げないでくれよって」
桃井「大声上げたからって何、それ犯罪なわけ」
A「法律に引っかかっているとかじゃなくて」「取り押さえたんじゃなくて、やめよって言ったの」
桃井「取り押さえたじゃん。腕つかんでさ」
警官B「なるべくウィンウィンの関係になりたい」(意味不明)
A「いいね。ウィンウィン」

そして警官が発した次の言葉に「見下されていた」と桃井は憤る。

A「ジュース買ってあげる」

危ないから「避難」させるためと警察側

札幌市での安倍首相の街頭演説で警察に制止されたのは、やじを飛ばした人たちだけではなかった。
元札幌市議の山口たか(73)は「年金100年安心プランどうなった?」というプラカードを持って、

市民団体の仲間2人と演説会場の札幌三越前に向かった。会場に近づくと5、6人の私服警官が後ろに付いてきた。街宣車の向かい側の歩道でプラカードを掲げようとした途端、複数の警官が前に立ちふさがった。「車道に飛び出すと危ないから」と両手を広げて、「息がかかるほど」近づき、プラカードを上げられなかった。

「異論もあることを総理に示そうとしたのに、それを隠すようにされた」と山口。近くでは大勢の人たちが「安倍総理を支持します」と書かれた同じプラカードを掲げていたが、警察には何も言われなかった。

やじと言い、プラカードと言い、警察が表現の内容によって妨害していることが疑われる。

それぞれ別の場所からやじを飛ばし、排除された大杉と桃井。北海道警に説明や謝罪を求めるデモ(約150人)を企画したり、排除問題を考えるシンポジウム(約170人)に参加したりして抗議を続けた。

道警のやり方を問題視していた弁護士の斎藤耕《こう》(50)と小野寺信勝(44)は、シンポの準備をする中で大杉と桃井にこう提案した。「集会は一過性で、社会の関心は薄れてしまう。裁判で道警の行為が違法であるという認定を取った方がいい」。2人は同意し、手弁当で闘う8人の弁護団(その後9人)が結成された。

大杉はこの年の12月に、大学4年だった桃井は卒論を書いていて遅れ翌20年2月に、それぞれ国家賠償を求め札幌地裁に提訴した。ともに「公の場で政治的意見を表明することを力ずくで妨害、禁止され、憲法が保障する表現の自由が制限された」と訴える。

やじを飛ばした人たちを強制的に排除した法的根拠は何なのか――。なかなか明らかにしなかった道警は、問題が起きて7カ月余たった同年2月になって初めて、警察官職務執行法(警職法)の4条、5条が根拠だと道議会で説明。裁判でも同様に主張を始めた。

警職法4条1項は、人の身体に危険を及ぼす恐れがある場合、居合わせた人などに警告を発し、特に急を要する場合は、危害を受ける恐れのある人を必要な限度で避難させることができる、と規定する。

原告(大杉)の周囲の聴衆は自民党支持者が大多数で、凶器になり得る自撮り棒(スマートフォンなどに付けて自分を撮る器具)を持った人もいて原告に暴行、傷害などの危害を加える恐れがあった(道警側準備書面)――。つまり、「安倍辞めろ」と声を上げた大杉を、危ないから「避難」させたというのである。

警職法5条は、犯罪がまさに行われようとするのを認めたとき警告を発することができるほか、急を要する場合にはその行為を制止できる、と定める。

周囲の聴衆ともめることが予測でき、相互に興奮状態にあるため原告が激高して、聴衆への暴行、傷害などの犯罪に発展する可能性があった(同)――。やじが犯罪を誘発するという理屈である。

道警は桃井についても同様に主張。「増税反対」と声を振り絞った桃井は小柄な女性だが、「聴衆に体当たりしたり、押し倒したりするなどして負傷させる危険性が高かった」と乱暴者扱いした。

「警察官らの職務執行については肯定的な見解も多数見られる」とも主張。その証拠として提出したのが、インターネットのニュースサイト「ヤフーニュース」に寄せられたコメント(ヤフコメ)の数々。「聴衆の邪魔をするような人間は排除されて当たり前」「主張したいならほかに方法はある。浅はか」……。

道警側の準備書面には、やじをなじるコメントばかりが抽出して掲載された。弁護士の斎藤は「全部匿名。まったく意味がない」と一蹴する。

さらに道警側は、やじへの迅速な対処を正当化するためにこんな表現をした。

「暴れる酔っぱらいを取り扱うのと同様」

「場にそぐわぬ表現、制限」、警察の忖度認める判決

道警に強制的に排除された大杉と桃井の様子は何人もの聴衆がスマートフォンの動画にとらえていた。「表現の自由を侵害された」として国家賠償を求める訴訟の原告弁護団は、桃井自身や大杉の知人が撮ったもののほか、インターネット上に投稿された動画を収集。証拠として地裁に提出した。排除の事実関係について道警側は争いようがなかった。

裁判長の広瀬孝の訴訟指揮は積極的だった。これらの動画を法廷で再生することを許可したほか、立証責任についてこう述べた。「本件の争点は警察官職務執行法上、警察官の行為が正当化できるかどうか。立証責任は被告側にあります」

「本来、立証責任は訴えた原告側にあるが、これを被告側に負わせたのは画期的」と原告弁護団事務局長の小野寺は言う。

これは、沖縄密約情報公開訴訟の一審で別の裁判長が「文書がないと言うなら、なぜないのか合理

的に説明を」と、訴えられた国側に立証責任を求めたのに似ている。原告に有利な流れだった。

道警側は、証人としてやじ排除に関わった警察官3人が出廷。「避難させる」「犯罪が行われようとするのを制止する」という警職法の要件に合うように、現場がいかに危険な状況だったかを強調した。これに対し、原告側証人の大杉、桃井の2人と周囲にいた2人は、聴衆とトラブルになるなどの危険な状況はなかったと否定した。

提訴から2年余たった22年3月。広瀬は道警側に対し原告2人に計88万円の賠償を命じる判決を言い渡す。満席の傍聴席から喜びの声が上がる。広瀬は一呼吸置いて判決理由を朗読した。

「安倍辞めろ」とやじを飛ばした大杉について、街宣車に向かって走り出した行為を除いて、警職法適用の要件である危険性は動画などから見られず、警官らの実力行使はいずれも違法と断じた。「増税反対」と声を上げた桃井を排除した警官らの行為も同様に違法と指摘。演説会場に再び行かないよう警官2人が約1時間付きまとったことも違法と判断した。

その上で、憲法の「表現の自由」についてこう述べている。

民主主義社会を基礎付ける重要な権利であり、とりわけ公共的・政治的事項に関する表現の自由は特に尊重されなければならない。(2人のやじは)いずれも公共的・政治的事項に関する表現行為であることは論をまたない。警官らの行為は原告らの表現行為の内容、態様が安倍総裁の街頭演説の場にそぐわないと判断し、表現行為を制限したと推認せざるを得ない――。

安倍に忖度《そんたく》して警察が批判を抑えた。そう認めたことになる。

判決の朗読を終えた広瀬は異例の発言をした。「道警側の主張が覆されていくのを目の当たりにしました」

原告代理人弁護士の斎藤は「ウクライナに侵攻したロシアの国内で戦争反対の声を上げた市民が次々と逮捕されていた時期。日本で時の総理大臣に反対するやじを飛ばした市民を警察が排除することは許されないと裁判所が明確に言ったことは大きな意義がある」と振り返る。

地裁判決から1年後の23年3月上旬。大杉と桃井の姿は札幌高裁の法廷にあった。控訴審最後の口頭弁論で意見陳述するためだ。

大杉は「道警が主張していることは後付けの詭弁《きべん》に過ぎないと感じます。公平中正であるべき警察が政府与党の警備員になっていないか。私には不信感しかありません」と冷静な口調で語った。

桃井は「警察という公的機関が市民の表現の自由の行使を白昼堂々奪ったという点でショックが大きかったが、一審判決によって、失っていた社会への安心感を少し取り戻した感じがしました」と違憲判断の維持を求めた。そして最後にこう訴えた。

「声は、それを聞いた誰かにも私たちには社会を変える力があるのだということを伝えるのです」

〔札幌高裁は2023年6月、桃井について表現の自由が侵害されたことを認め、一審の55万円の賠償命令を維持。大杉については演説車両に向かって走り出し、安倍氏に危害を加える恐れがあったなどと一審の賠償命令を取り消した。高裁判決は24年8月、最高裁決定で確定した〕

立川反戦ビラ入れ事件――ビラ投函しただけで逮捕

〈自衛官・ご家族の皆さんへ　自衛隊のイラク派兵反対！　いっしょに考え、反対の声をあげよう！〉

こんなタイトルのビラを自衛隊官舎に配っただけ。それでなぜ逮捕までされるのか。今でも、当事者は納得できないでいる。

２００３年3月。フセイン政権が大量破壊兵器を保有している――という誤った情報に基づいて、米国主導の有志連合軍がイラク攻撃を始めた。フセイン政権が崩壊すると暫定政府が発足。多国籍軍が組織され、日本からは「復興支援」名目で自衛隊が派遣されることになった。

しかし、イラクは宗派対立に根差す武装勢力間の抗争や各勢力と多国籍軍との戦闘が絡み合って泥沼の戦争状態に。そんなところに自衛隊を行かせることに反対する運動が起きていた。当時の防衛庁長官は陸上自衛隊に派遣命令を出し、２００４年2月、本隊第1陣がイラク南部サマワに入った。

市民団体「立川自衛隊監視テント村」のメンバーが自衛隊官舎にビラを配っていたのは、そんな時期だった。

「テント村」の歴史は今から半世紀前にさかのぼる。

東京西部の中心的都市、立川市には戦前、陸軍立川飛行場があった。敗戦で接収され、米軍基地に。その周辺は50年代、基地拡張を阻止する砂川闘争、60年代後半はベトナム反戦闘争の舞台になった。その後、関東の米軍基地を横田(東京都福生市など)に集約する計画に伴い、陸上自衛隊が移駐することになる。これを阻止するため72年冬、隣接の公園に幾つものテントが張られ、学生や市民、労働者が集まった。「テント村」の始まりである。

翌年、陸自の移駐が終わると、テントは徐々に消えてゆき、「テント村」は反戦・反基地の市民団体の名称として残った。現在は6人のメンバーがヘリ部隊などがある立川駐屯地(通称立川基地)の動静の監視活動を続ける。

2023年2月1日からは輸送機オスプレイも訓練で飛来するようになった。現地取材に訪れた同月上旬、建物内にいてもごう音が聞こえた。

「テント村」が重視してきたのは、「自衛官も一市民」として直接、反戦を呼びかけることだ。70年代後半から駐屯地正門前で月1回、自衛官へのビラ配りを始め、その後、市内の官舎への「ポスティング」(投函《とうかん》)も行うようになった。イラク派遣反対のビラ入れは「自衛隊員の中にも派遣を不安に思っている人がいる。考える材料を提供したい」と、2003年10月から月1回のペースで始めた。

翌04年1月17日、4回目のビラ入れの日。午前11時半、テント村メンバーの大洞《おおぼら》俊之(66)=現代表=はいつものように官舎近くの小学校前で仲間と待ち合わせ、A4判のビラの配布を始めた。遅れてきたもう1人も加わり、官舎8棟を手分けした。当時も今も門扉はなく、公道から誰でも敷地に入ることができる。

大洞は1、2、3号棟の順に4階まで上り下りしながら各室玄関ドアの新聞受けに投函していった。すると、3号棟の部屋から出てきた自衛官が「ビラの投函をやめろ」と注意した。大洞は「迷惑をかけているつもりはない」と返し、ビラの内容の感想を尋ねた。自衛官は「それはあんたたちの主義主張だろう」と取り合わず、階段入り口の掲示板に禁止事項として「ビラ貼り・配り等の宣伝活動」などと書かれた札が張ってあるのを指さした。大洞は「そうですか」と言って立ち去った。

この時、110番通報され、その後、警察に被害届まで出されていることを3人は知る由もなかった。

それから約40日後の2月27日早朝。マンションの居室で寝ていた大洞は、チャイムと激しくドアをたたく音で目覚める。「警察だ。ドアを開けろ」。示された家宅捜索令状の罪名は「住居侵入」。2時間ほど室内を引っかき回された後、今度は同じ罪名の逮捕令状を示され、手錠をかけられた。テント村事務所のマンションに住んでいて同時に逮捕された女性メンバーのもとには家宅捜索に何台ものテレビカメラが付いてきていた。3人とも留置場で全裸にされて身体検査を受けた。

3人の頭には幾つもの「なぜ」が渦巻いていた。

「住居に侵入していないのに」「(宅配ピザなどの)商業ビラだって投函されているのに」「いったい、どこが犯罪なのか」……。

自衛隊イラク派遣反対は「民の声」

逮捕された3人の弁護団の中には「今後のビラ入れを抑止するために警告の意味で逮捕したのでは。起訴には至らないのではないか」という楽観論があった。実際、ポスティングで起訴された例を聞いたことがなかった。しかし、東京地検は住居侵入罪で起訴に踏み切った。

住居侵入罪は「正当な理由がないのに、人の住居もしくは人の看守する邸宅、建造物、艦船に侵入」した場合に成立する。法定刑は「3年以下の懲役または10万円以下の罰金」である。住居内だけでなく付属する敷地に侵入しても住居侵入罪になること、管理権者の意思に反して立ち入れば「侵入」になることはそれぞれ最高裁判例がある。弁護団はポスティングの事実関係については争わず、次のような主張を柱にすることにした。

ポスティングには憲法が保障する表現の自由の行使という「正当な理由」がある。自衛隊官舎の敷地や階段、通路部分に短時間、平穏に立ち入っている。軽微で実質的な違法性または罰を与えるような違法性はない——。

そして、意外な人物を証人として呼ぶことになる。自民党衆院議員を8期務めた元郵政相の箕輪登である。

「テント村」と、防衛族だった箕輪には因縁があった。

この32年前の1972年、立川基地に陸上自衛隊が移駐する計画を阻止するため現地に学生や労働者らのテント村ができた時、防衛政務次官として政府を代表して市に移駐を通告に来たのが箕輪だった。

箕輪は筋を通す男だった。

73年に長沼ナイキ基地訴訟で札幌地裁が「自衛隊違憲」の判決(福島判決)を出した。この時、政府は「違憲ではない」理由として、自衛隊は専守防衛で外国に派遣しない、集団的自衛権は行使しないなどの点を挙げた。当時、箕輪はその説明に納得していたという。

ところが、自衛隊のイラク派遣は、あの時の政府説明とは違うではないか——。義憤に駆られた箕輪は「憲法9条、自衛隊法に違反する。日本人がテロの標的にされる可能性も増す」と、派遣差し止めを求める訴訟を全国に先駆けて札幌地裁に起こした。ちょうど立川反戦ビラ入れ事件が起きた頃である。

ビラ入れ事件弁護団の一人、内田雅敏(78)は、北海道小樽市に飛び、箕輪の自宅を訪ねた。「保守の立場でもイラク派遣に反対している。『テント村』メンバーが配ったビラには普遍性がある」ことを立証する証人となってもらうためである。箕輪は「分かりました」と快諾した。内田によると、箕輪は自分の意志を札幌だけでなく東京でも表明したいという気持ちを持っていた。

2004年9月。当時81歳の箕輪は体調不良を押して、つえを突きながら東京地裁八王子支部の法廷に立った。

内田：本件では、ここにいる(被告の)3人が「自衛官・ご家族の皆さんへ　自衛隊のイラク派兵反対　一緒に考え、反対の声を上げよう」というビラを入れたのですが、箕輪さんが(札幌地裁に)裁判を起こされた気持ちと同じですか。

箕輪：同じです。

その後、箕輪は戦争と表現の自由について次のように言及する。

私は生まれてから20年間、戦争戦争戦争の連続でした。無謀な戦《いくさ》、本当に意味のない戦をやった。戦に反対する人は全部、特高(特別高等警察)に引っ張られてブタ箱(留置場)に入れられ、言論を抑え付けられました。

今は主権在民ではないですか。イラク派遣は駄目だという声が起きるのは当たり前。あの戦争の歴史を振り返ってみると、民の声がうんと高くなれば、あんな戦争はしなくてもよかった。そう反省します――。

箕輪はこの証言をして1年8カ月後の06年5月、肺炎で他界する。自らの裁判の判決(敗訴)を聞くことはなかった。

無罪から一転有罪、「表現活動、萎縮させる」

「表現を受け取る人には、それ読んでみようかとか、読まずに捨ててしまうとか、読んでみたら面白いことが書いてあるとか、いろんな感想を抱いて情報の伝達が行われる。それが表現の自由が持っている意味で、第三者がどこかで遮断しちゃいかんということです」

東京地裁八王子支部の法廷には憲法学の重鎮、奥平康弘も証人として立った。奥平は表現の自由が専門。無罪を主張する弁護団は「憲法論的にビラ入れの違法性が阻却される(退けられる)こと」を立証しようとした。

尋問したのは、弁護士になって3年目で、5人の弁護団の中で最も若かった山本志都《しづ》(56)。山本は「ビラ入れは広く行われているのに、『イラク派遣反対』の内容が選別されて逮捕された。微罪なのに家宅捜索時、テレビカメラが待ち構えており、捜査側に政治的意図がある」と問題視。奥平の尋問を買って出た。

奥平は法廷で、表現の自由が憲法上、優越性を持つことや米国判例の状況などを解説。最後に山本から「ビラ入れ逮捕」が市民の表現の自由に与える影響を尋ねられると、こう警告した。

「まずは取り締まって逮捕し、その人の周辺を洗うことになる。それによって、非常に多くの人たちに対し情報をコントロールするようなことになれば、(戦前、思想弾圧に使われた)治安維持法がなくても、それに近い格好のものになる」

それから3カ月後の同年12月の判決公判。裁判長の長谷川憲一は冒頭、「(有罪か無罪かの)主文は最後に読みます」と述べ、弁護団や満席の傍聴席に戸惑いが広がった。主文後回しは死刑のほか、有罪を先に宣告すると傍聴席が混乱する恐れがある場合が多いからだ。傍聴者らは1時間に及ぶ判決理由の朗読を固唾《かたず》をのんで聞き入った。

結論部分で、長谷川は次のように展開した。よく練られた論理である。
▽被告人らのビラの投函は憲法21条(表現の自由)が保障する政治的表現活動▽それは民主主義社会の根幹を成すので、憲法22条が(営業の自由として)保障すると解される商業的宣伝ビラの投函に比べ、優越的だ▽その商業ビラ投函のための立ち入りが何ら刑事責任を問われず放置されている。それに照らすと、被告人らの立ち入りを防衛庁(当時)などの正式な抗議もなく、いきなり検挙して刑事責任を問うのは疑問▽法秩序全体の見地からして、刑事罰に処すほどの違法性はない——。
「被告人らに対し無罪の言い渡しをする」。長谷川がそう締めくくると、傍聴席から「やったぞ」と声が上がり、3被告は支援者らと握手を交わした。

しかし、「無罪」の期間は1年しか続かなかった。検察の控訴を受けた東京高裁は弁護側の証人申請をいずれも却下。05年12月、一審判決を破棄して、3人に罰金20万~10万円の有罪判決を言い渡した。

何人も他人が管理する場所に無断で侵入し、勝手に自己の政治的意見を発表する権利はなく、処罰しても憲法21条に違反しない――。判決理由は型通りで、商業ビラの投函が刑事責任を問われていないことや表現の自由の優越性について言及はなかった。

弁護人の山本は、法廷で思わず悔し涙を流した。新しい証拠調べもしないで判決を逆転させられ、無力感に襲われたからだ。「憲法の表現の自由の行使が他人の権利を侵害する場合、調整を図るのではなく、無条件で犯罪とする判決」との評価は今も変わらない。

最高裁は08年4月、高裁と同じ理由で3人の上告を棄却。有罪が確定した。

23年2月上旬。大洞の案内で現場を訪ねた。官舎は事件後、建て替えられたが、門扉や塀はなく誰でも敷地に入れるのは変わらない。だが、確定判決を意識すると、取材で立ち入っても逮捕されかねない不安を感じる。

「判決は表現や政治活動の自由に対する萎縮作用をもたらした」。大洞は怒りを込めて言った。

9条俳句訴訟――「世論が二分するようなテーマ」は不掲載

〈梅雨空に「九条守れ」の女性デモ〉

この俳句の作者である主婦(82)＝匿名希望＝は2014年6月初旬、東京・銀座を歩いていた。そこで土砂降りの中を行進する100人規模の女性のデモに出くわした。日本が攻撃されていなくても密接な関係の他国が攻撃されれば武力行使できる集団的自衛権を認める閣議決定が控えていた頃である。これに反対するデモ隊は「憲法九条を守れ」などと書かれたプラカードを掲げていた。

1940年生まれの主婦には戦争体験がある。東京・保谷で暮らしていた頃、空襲警報のけたたましいサイレンが鳴るたびに防空ずきんをかぶって自宅の庭に掘られた防空壕《ごう》に飛び込んだ。疎開先の新潟では海岸に走って逃げた。体の弱い父が召集され、駅まで見送りに行って泣いた。幼少期の記憶は恐怖と悲しみに支配されている。

集団的自衛権の行使容認は「また戦争に巻き込まれる」との不安があったが、自分では何も行動できなかった。そんな時、白髪の高齢者からベビーカーを押す若い母親までが傘を差したり、雨がっぱをまとったりして雨中行進する姿を見て「じっとしていられなくなった」。気が付けばデモ隊に加わってシュプレヒコールを上げ、20分ほど歩いていた。

さいたま市在住の主婦は地元の三橋《みはし》公民館で開かれる「かたばみ三橋俳句会」に参加している。公民館主催の俳句講座の受講生有志が講座終了後も学び続けようと結成した20人ほどのサークルである。

公民館側の提案で毎月、一番良い句を選んで公民館だよりに掲載することになっていた。

主婦は、女性デモに遭遇してから約３週間後に開かれた句会に〈梅雨空に――〉の句を提出。「情景を詠んだだけなので自信はなかった」が、講師に特選に選ばれた。「『梅雨空』は『梅雨晴れ』と違い、重みも暗さもあるので、９条が問題になっている今、生きる季語である」との評価を受けた。特選の10句ほどの中から当日参加者の選が最多の９票入った〈梅雨空に――〉が公民館だよりに載せる句に決まり、短冊に書き直して事務員に渡された。

「同じ戦争の時代を生きてきたメンバーが多く、共感された」と主婦は喜んだ。しかし、事態は暗転する。

病気療養中の句会代表の代行を務めていた小林トシ子(93)。やはり戦時中に勤労動員された潜水艦の部品工場で空襲に遭い、友達を亡くした体験を持つ。それだけに〈梅雨空に――〉の句は「心に響いた」。

その小林に公民館の担当職員から電話があったのは、この句を提出した翌日だった。開口一番「きのうお預かりした俳句は公民館だよりに載せられません」。

小林は耳を疑った。これまでにこんなことは一度もない。「なぜなんですか」

すると職員は「世論が二分するようなテーマの俳句は載せられない」「この句が公民館の考えであると疑われる」などと説明。代わりの句を出すよう求めた。「とんでもありません。これは皆さんが賛同して提出した句です。勝手に替えることなどできません」と小林。「句会や作者の名前が入るので公民館の考えと疑われる余地はない」とも反論したが、職員は聞く耳を持たなかった。

小林から連絡を受けた作者の主婦も職員に電話で問い合わせたが、答えは同じ。「憲法を守って平和を守っていくという気持ちのどこがいけないのでしょうか」「公民館が作品の内容に立ち入ることが許されるのでしょうか」と問いかけ、文書で回答を求めた。

文書回答は約1週間後、主婦に渡された。公民館だよりに掲載できない根拠として二つの法令が挙げられていた。

①社会教育法によると、公民館が特定の政党の利害に関する事業を行うことは禁止されている。

②さいたま市広告掲載基準によると、国内世論が大きく分かれているものは広告掲載を行わないとされている。

「特定の政党」「広告」……。「いったい、どこに該当するのか」。主婦にはまったく理解ができなかった。

公民館とは――長野県の例挙げ専門家陳述

この問題が新聞報道されると、幾つかの市民団体が動き出した。

公民館を所管する市教委への抗議活動や市民集会の開催などを通して、訴訟の話が出てきた。

「裁判なんてまったく分からないし、そんな大きなことに関われるか自信がなかった」と作者の主婦。だが、不掲載の撤回を求めて市教委と交渉しても「公民館は公平中立でなければならない」の一点張りで、らちが明かない。「このままうやむやにしたら、また同じことが起きかねない。公民館に不掲載撤回を申し入れてくれた俳句会に対しても申し訳ない」と提訴の決意を固めていく。

訴訟を中心になって担うことになる法律事務所(さいたま市)の弁護士石川智士《さとし》(40)。早稲田大時代に国際人権NGOのアムネスティ・インターナショナルの活動に携わり、身近な人権も守りたいと弁護士になって1年目だった。公民館の知識はほとんどなく、「単なる貸し会議室としか思っていなかった」と告白する。

公民館の歴史や役割を調べるうちに戦後間もない頃に発せられた文部次官通牒《つうちょう》(通達)「公民館の設置運営について」に行き当たり、「鳥肌が立った」という。それは公民館の趣旨と目的を述べた次のくだりである。

〈これからの日本に最も大切なことは、すべての国民が豊かな文化的教養を身につけ、他人に頼らず自主的に物を考え平和的協力的に行動する習性を養うことである。そして之《これ》を基礎として盛んに平和的産業を興し、新しい民主日本に生れ変わることである〉

公民館は戦争の反省の上に、平和と民主主義の拠点と位置付けられていたのだ。3年後の1949年に制定された社会教育法には、通牒の精神を反映してこう書かれているのも見つけた。

〈国及び地方公共団体は、社会教育関係団体に対し、いかなる方法によっても不当に統制的支配を及ぼし、またはその事業に干渉を加えてはならない〉(12条)

当初、公民館だよりという公の発行物に対して個人の表現の自由を争えるか悩んでいた石川。突破口を見つけた気がした。

主婦は2015年6月、市を相手にさいたま地裁に提訴。石川は弁護団(最終的に29人)の事務局次長として実務を担うことになった。訴状では憲法21条のほか26条(教育を受ける権利)、23条(学問の自由）、社会教育法などの違反を主張し、公民館だよりへの掲載と200万円の損害賠償を求めた。

主婦や弁護団に多くの示唆を与えたのが、東京大名誉教授で社会教育学の第一人者、佐藤一子《かつこ》（78）である。自身が暮らすさいたま市で起きた出来事にショックを受け「公平中立を理由に行政が排除するようなことがまかり通れば公民館、社会教育は死んでしまう」と強い危機感を持った。集会や弁護団との勉強会で積極的に発言した。

その佐藤の姿は17年1月、地裁法廷の証言台にあった。専門的知見で弁論を補助する補佐人として陳述するためだ。パソコンの発表資料作成ソフトを活用してスクリーンに映写しながら、社会教育における学習権の保障から公民館の設置・運営の理念、公民館の中立性・公共性の意味まで解説。法廷はさながら大学の講義室のようだった。

公民館数全国一の長野県をフィールドワークの舞台とする佐藤。公民館だよりを「単なるおしらせ」と主張する市側に対し、松本市寿台公民館や下伊那郡豊丘村公民館などが短歌会や俳句会の作品を掲載している例を挙げ「学習成果発表の場になっている」と反論した。

さらにこれらの公民館に独自に聞き取り調査した結果、「公民館が口を挟むことはなく、利用サークルの主体性を尊重している」と指摘。作品への介入、排除を正当化するさいたま市に対し「俳句の表現に対する差別・検閲、学習の自由と表現の自由の侵害、学習権保障の責務の放棄」と厳しく批判した。

40分間に及ぶ陳述。「私自身が問われる説明責任。学者生命が懸かっていた」。佐藤は今、そう振り返る。

「憲法アレルギー」で不公正な扱いと判決

法廷で判決を聞いたとき、初めて裁判を体験した原告の主婦は、意味がよく分からなかった。代理人の弁護士から「勝訴」と聞いて、ようやくほっとした。

提訴してから2年3カ月後の17年10月、さいたま地裁が判決を言い渡した。

裁判長の大野和明は「公民館の職員らが原告の思想や信条を理由として不公正な取り扱いをしたことにより、秀句が(これまで通り)公民館だよりに掲載されるとの原告の期待が侵害され、国家賠償法上、違法」と慰謝料5万円の支払いを命じた。

ただ、「特定の手段(公民館だより)による表現の制限が表現の自由の侵害と言うためには、この手段の利用権が必要で、原告にはそれがない」と、掲載請求権は認めなかった。

判決文の中に注目すべき言葉があった。それは、俳句不掲載に関わった公民館の館長や職員が十分な検討を行わずに不掲載を決めた原因について述べた次のくだりである。

(いずれも教員経験者で)教育現場で国旗(日の丸)や国歌(君が代)に関する議論など憲法に関連する意見の対立を目の当たりにして辟易《へきえき》(うんざり)しており、一種の「憲法アレルギー」に陥っていたと推認される――。

『憲法アレルギー』は、憲法や9条と名の付く市民の活動、議論への関与にやみくもに消極的な姿勢を示している行政へ警鐘を鳴らしたもの。行政が国民のさまざまな意見表明の場を奪うのではなく、積極的に提供することで中立・公正が守られるというメッセージが判決に込められている」。原告弁護団の谷川生子《せいこ》は、そうみている。

「憲法アレルギー」に似た問題は22年、長野県内でも起きた。駒ヶ根市出身で戦後日本を代表する憲法学者、故芦部信喜氏の生誕100年にちなみ、優れた憲法研究を表彰する「芦部信喜賞」の創設を市が計画。市議会から拙速という批判に加え、中立性を問う声が上がると、市はあっさり白紙撤回した。のちに市が賞創設計画の「問題点」の一つに挙げたのは「憲法論議に発展しかねない」(内部検証報告)だった。

18年5月。9条俳句訴訟の控訴審判決が東京高裁で言い渡された。裁判長の白石史子《あやこ》は「憲法アレルギー」という言葉自体は使わなかったが、「憲法9条は集団的自衛権の行使を許容するものではないとの思想、信条を有していることが原告の俳句に表れていると解し、(公民館だよりに掲載しないという)不公正な取り扱いをした」と指摘。それは「公民館職員らの故意過失」と一審判決より厳しく批判し、賠償を命じた。

最高裁はこの年の12月、双方の上告を退ける決定をし、高裁の判決が確定した。

これを受けて、さいたま市の教育長(当時)細田眞由美は翌19年1月、三橋公民館を訪れ、「司法判断を受け止め、心よりおわびする」と主婦に謝罪。〈梅雨空に――〉の句は2月の公民館だよりに掲載された。公民館の掲載拒否から4年7カ月後のことである。

俳句会は、この句が載るまで毎月選んだ最優秀句の公民館への提出を見合わせており、たまっていた46句が同年4月の公民館だよりに一挙掲載された。同会はこの問題を忘れないため、9条俳句の掲載が拒否された6月25日を「平和の俳句を詠む日」に定めた。

23年6月25日。「9条俳句勝訴5周年のつどい」がさいたま市で開かれ、支援者ら約100人が参加した。主婦は「(掲載拒否の)9年前よりもっとひどい政治状況になっているけれど、あきらめないでできることをやっていけば、必ず道は開かれると思う」と、自らの闘いに重ね合わせてあいさつした。

つどいの後援には「さいたま市教育委員会」とあった。

第7章　平等原則（14条）

「同性婚訴訟」の中谷衣里カップル

（14条）
すべて国民は，法の下に平等であって，人種，信条，性別，社会的身分または門地により，政治的，経済的又は社会的関係において，差別されない.
②華族その他の貴族の制度は，これを認めない.
③栄誉，勲章その他の栄典の授与は，いかなる特権も伴はない．栄典の授与は，現にこれを有し，又は将来これを受ける者の一代に限り，その効力を有する.

子どもの国籍確認訴訟――日本で生まれ、育ったのに

2005年7月、東京地裁の法廷。フィリピン国籍の少女ジュリアン(名前表記は当時)が緊張した表情で裁判官たちの前に立って訴えた。

「私は日本で生まれ日本で育っています。日本の学校に通っています。小学校6年生です。毎日、楽しく学校に通っています。友達もたくさんいます。

お母さん(フィリピン国籍)は働き者です。毎日仕事に行っています。家に帰っても内職をやっています。私はお母さんが大好きです。

私たちみたいに日本で生まれ育って、お父さんも日本人なのに、なぜ日本国籍がもらえないのですか。お父さんとお母さんは結婚していません。何があったか分かりません。私は学校にいる人と変わりません。私の性格、考え方、日本人です。国籍をください」

翌年9月、控訴審の東京高裁の法廷では、ジュリアンと同じ境遇のマサミ(同)が弱冠8歳で証言台に立った。話すことをあらかじめ紙に書いて一生懸命覚えた。

「私は学校で『外国人、外国人』と言われる時、とてもつらいです。私は自分のことを外国人だと思っていません。日本人と呼ばれたいです。皆と同じになりたいです。私の気持ちを聞いてください。私と同じ気持ちでいるたくさんの子どもたちの声を聞いてください」

この時、マサミは泣いていた記憶がある。

子どもが原告になり、法廷で意見陳述する異例の裁判。それはやがて法改正へとつながっていく。

１９８０年代から日本に働きに来るフィリピン人女性が急増していた。パブなどで働く女性たちは客の日本人男性と親しくなり、両者間に生まれる子どもの数も増加した。しかし、男性が既婚だったりして女性が結婚できないケースが多かった。

国籍法は、外国人の母親と日本人の父親の間にできた子どもについて、出生後に父親が認知しても両親が結婚していないと日本国籍の取得を認めていなかった。国籍取得の要件である日本との結び付きの強さを、結婚の有無で測っていたからだ。このため日本で生まれ育ち、日本語しか話せないのに外国籍になっている子どもは当時、約５万人もいると推計されていた。ジュリアンやマサミもそうした子どもだった。

日本国籍がないと、在留資格を定期的に更新しなければならず、出入国が制限される。大人になった時に、国家公務員になれないなど就職も制限されるほか参政権もないなどの不利益がある。子どもにとっては日本人と自覚しているのに日本国籍ではないというアイデンティティー(自己同一性)の問題が劣等感などを生みやすく、いじめの対象になることも少なくなかった。

マサミは東京の小学校低学年の頃、同級生の男子たちから「国へ帰れ」と言われたり、「フィリピン人、フィリピン人」とはやし立てられたりした。26歳になった今も脳裏に焼きついている。

東京の弁護士、近藤博徳《ひろのり》(60)は弁護士登録して間もない１９９０年代初め、バングラデシュから来日して建設現場などで働いていた男性が日本人女性と結婚したもののオーバーステイ(在留期間超過)

で強制送還されそうになっていた案件を担当した。当時、あまり知られていなかった在留特別許可を申請して男性を救うことができると、外国人問題の相談が多数寄せられるようになった。

その中で日本人男性との子どもを出産したものの結婚できず、養育費も払われずに困窮しているフィリピン人女性が多くいることを知る。仲間の弁護士らと父親捜しや子どもの認知、養育費請求、在留特別許可の申請に奔走した。

「これらが解決すれば法的支援としては一段落だった」と近藤。ある時、フィリピン人の母親から疑問を突きつけられる。「なぜ父親が日本人で認知もされているのに子どもの日本国籍が取れないのか」

最初は、法律で決まっているから仕方がないと考えていた。「なぜそんな法律になっているのか」という母親の訴えに気づかされた。

両親が結婚しているかどうかで、子どもが日本国籍を取得できるかが区別される理由はないはずだ。国籍法の規定は法の下の平等を定めた憲法に違反するのではないか——。

母子とともに国籍法の違憲性を問う闘いが始まった。

違憲判決から一転「司法の限界」

フィリピンから日本に働きに来た女性たちが日本人男性との子どもを産んだものの、男性と結婚できずに苦境に陥るケースが急増していた1980～90年代。こうした母子を支援するためのNGO「JFC（日本・フィリピン人間の子ども）を支えるネットワーク」が94年に誕生した。

支援対象者の中には、子どもの出生後、日本人の父親に認知されたのに、両親が結婚していないため国籍法の規定で日本国籍が取れないケースが30件あった。ネットワークが母親たちに国籍確認訴訟への参加意思を尋ねる手紙を送ると、９組が応じた。５歳から11歳までの子どもたちを原告、母親たちを法定代理人親権者として、日本国籍を求める訴訟を東京地裁に起こしたのは２００５年４月だった。

訴えた内容は、日本人を父とする非嫡出子《ちゃくしゅっし》（婚外子）に限って、日本国籍を取得できない国籍法の規定は、非嫡出子に対する差別であり、憲法14条に違反する――ということ。「子どもたちの力で決することのできないことによって差を設けるべきではない」

７人の原告弁護団の団長を務めた近藤博徳。「事実関係に争いはなく法律論で判決が出せるが、その結果に人生を左右されるのは子ども。生の声を聞いてほしい」と子どもや母親を前面に出す作戦をとった。一審で子ども１人と母親３人、二審では子ども３人と母親１人がそれぞれ法廷で意見陳述し、日本国籍がないことの苦しさを訴えた。

母子は廷外でも日本国籍を求める活動に駆け回った。

７歳で原告になったマサミ。子どもの頃の休日の記憶は遊んだことではなく、母との署名集めで占められている。母の仕事が休みの日曜日は決まって、各地の教会に行き信者たちに問題を訴えた。フィリピン人の集まりがあると聞けば、署名用紙を持って出かけた。教会では子どもたちの寸劇を披露したこともある。このほか街頭に立って署名集めをした母子もいた。

集まった署名は３０００人余に上り、判決期日までに裁判所に提出された。

東京地裁は母子の期待に応えた。提訴から約1年後の2006年3月。原告側の訴えを全面的に認め、日本国籍を確認する判決を出した。

裁判長は、のちに最高裁判事を務める菅野《かんの》博之（現弁護士）。判決で強調したのは、時代の変化である。「国際化が進み、価値観が多様化し、家族の生活態様も一様ではない。子どもとの関係もさまざまな変容を受けていることからすると、法律上の婚姻という外形を採ったかどうかだけで一律に判断することは現実に符合しない」

両親の結婚で日本との密接な結合が生まれ、国籍を付与する合理性があるとする国側の主張を退け、国籍法の規定は「合理的根拠に基づくとはいえず、憲法14条に反する不合理な差別である」と結論づけた。

近藤は「100%満足できる判決だった」と振り返る。原告席にいたマサミも「判決の意味は何となく分かった。これで日本人になれる。ずっと日本にいられるんだと思い、涙が流れた」という。

しかし、喜びは長く続かなかった。

国側の控訴を受けた東京高裁（裁判長・宗宮英俊）が翌年2月、「司法の限界」を示して一審判決を取り消し、原告の請求を棄却したからだ。

「限界」とは次のようなことである。

「仮に（両親の結婚という）要件が憲法14条に違反し無効であるとしても、それで非嫡出子が認知と届け出だけで日本国籍を取得できると解釈することは、法に定めのない要件を実質的に創設することになる。裁判所が国会の本来の機能である立法を行うことは許されない」

近藤は「日本に住みながら国籍を得られず不都合を受けている子どもたちに全く思いを致していない」と強く反発。原告の子どもたちは上告する。

最後のステージ、最高裁では異色の裁判長が鍵を握ることになる。

「子は親を選べない」と最高裁判事

9人の子どもたちに先行して提訴し、同様に一審勝訴、二審敗訴した1人の男児の訴訟が最高裁で一緒に審理されることになり、原告の子どもは男女計10人になった。

2006年から07年にかけて上告され、最高裁で担当することになったのは第一小法廷(判事5人)。裁判長は長野市出身の才口千晴(85)である。

管財人として破綻企業の立て直しを多く手がけてきた「倒産弁護士」。豪放磊落《らいらく》で、ラジオ番組の「テレフォン人生相談」に回答者として出演していた。2004年の最高裁判事就任時、「異色の判事」といわれた。

「人権、子ども、国籍。国家の存立に関わる大変な事件が来た」。才口は、国籍確認訴訟を担うことになった時の心境をこう振り返る。小法廷の審議では「5人の判事だけでは判断できない重大な人権問題」と主張。第二、第三小法廷を含めた裁判官会議で論点を説明し、大法廷に審議を移す「回付」をする合意を得た。

全15人の判事で審議する大法廷への回付は、新たな憲法判断や判例変更をする場合などに行われる。さらに原告、被告双方の意見を改めて聴く弁論が開かれることになり、違憲判決への原告側の期待は高まった。

原告弁護団は弁論で、子どもの代表として当時14歳で最年長だったジュリアンが意見陳述することを申請したが、却下された。「最高裁は事実審ではなく法律審(法解釈の審理)だから」と才口は明かす。そこで弁護団は、弁護士による陳述の中でジュリアンの意見を引用することにした。

「私は日本人なんです。堂々と胸を張って、自分に違和感なくこの日本で生きていきたいだけなんです。裁判官、どうか私たちの立場になって考えてみてください」

上告人席で母と聴いていたジュリアンは涙をこらえることができなかった。

才口の腹は固まっていた。「単純に、子は親を選べないということ。親が結婚していなかったら子が日本国籍を取れないなんておかしいじゃないか」

才口ら違憲派は一審東京地裁判決と同様、こう論理を組み立てた。「家族生活や親子関係に対する意識の変化や実態の多様化を考えれば、父母の結婚という国籍法の要件は今日の実態に適さない。不合理な差別で違憲。結婚要件は除かれ、原告は届け出の時点で日本国籍を得た」

しかし、行政官、検察官出身の判事を中心に根強い反対があった。「家族の生活状況に顕著な変化があるとは思われない」「裁判で国籍を認めることは司法権の限界を超える」。二審東京高裁判決を支持する意見である。

双方の主張は交わることなく、08年6月の判決を迎える。

主文　原判決を破棄する。被上告人の控訴を棄却する。

大法廷裁判長の島田仁郎《にろう》(最高裁長官)＝裁判官出身＝が主文だけ読み上げ、判事らが退席すると、法廷に沈黙が流れた。そして判事たちが控室に入ると同時に「ウワー」という大歓声が法廷から響いてきた。「何だろうか」と島田。才口は答えた。「ようやく勝ったことが分かったのでしょう」

判決は、子どもたちの日本国籍取得を認めなかった高裁判決(原判決)をなかったことにし、国側(被上告人)の高裁への控訴も退けるという意味。つまり、国籍法の結婚要件を違憲として国籍取得を認めた地裁判決が確定する。島田や才口、長野県伊那市出身の那須弘平(81)=弁護士出身=ら9人の多数意見だった。

法務省は直ちに法改正に着手。反対する街宣車が押しかける中、作業を急ぎ、未婚でも父親が認知すれば国籍を取得できるようにした改正国籍法がこの年の12月、国会で成立した。判決からわずか半年のスピード解決だった。

日本国籍になると名前に漢字使用が認められ、ジュリアンは樹里杏(29)になった。8歳の時に高裁で意見陳述したマサミは真美《まさみ》(26)に。「日本に安心していられるようになった」。2人は同じ思いを口にした。

［才口氏は取材から8カ月後の2024年4月、脳梗塞のため死去した］

婚外子相続差別訴訟——親の事情で子の価値が半分に

父と母が結婚していない家庭に生まれた女性（婚外子）＝匿名希望＝が貫き通した相続差別への問い。それがやがて明治から続く民法の規定を変えることになる。

女性は1970年代、和歌山県内で、レストランを経営する父親とそこで働く母親の間に生まれた。父が母と付き合い始めたとき、父は離婚して独り身だったが、前妻の子どもたちのことを考え戸籍上は前妻と再婚した。ただ、生活は結婚していない母と二つ上の姉（2004年死去）、女性との4人で暮らした。「家に帰れば父母がいて、一般の家庭と変わらない」と思っていた。

自分が婚外子と知ったのは、小学3年のとき。学級代表に選ばれた際、同級生の男児がからかった。「二号の子どものくせに」。意味が分からなかったが、担任の先生がすごいけんまくで男児を叱ったのを見て、「何かあかんことなんやろか」と思った。

下校途中に友達から「奥さんの子どもとちゃういうことや。愛人の子どもや」と教わった。特にショックを受けなかった。むしろ、担任が差別を許さない強い姿勢を示したことが心に残り、大人になっても毅然《きぜん》として立ち向かうことにつながっていく。

2001年、父が72歳で病死する。遺言書を作りたいと弁護士に来てもらう予定だった日に亡くなった。相続の遺志は分からないままになったが、以前に震える手で書いたメモには、母に店を頼むとあった。

女性が婚外子についての民法の相続規定を初めて知ったのはこのころ。「嫡出《ちゃくしゅつ》(法律上の結婚をした夫婦間の出生)でない子の相続分は嫡出子の2分の1とする」。100年以上前、明治民法で設けられた規定が戦後の改正でも維持されてきた。

「子どものころから人権は大切、人は皆、平等と習ってきた。それなのになぜ、法律が差別を規定しているのか」。強い違和感があった。

05年、調停委員を仲立ちに双方が話し合って解決を図る遺産分割調停を和歌山家裁に申し立てた。代理人弁護士の岡本浩(77)によると、数年かかって「2分の1」より少し配慮された調停案ができたが、女性は納得しなかった。「有利、不利とか金額の問題ではない。私の価値が半分というのが受け入れられなかった」

岡本の頭には1995年の最高裁決定があった。

婚外子の遺産相続が嫡出子の半分とした民法の規定が憲法違反かどうかが争われた審判で、大法廷が「合憲」との初判断を示した。「民法は事実婚主義を排して法律婚主義を採用しており、その結果として嫡出子と非嫡出子(婚外子)との区別が生じてもやむを得ない。むしろ規定は非嫡出子にも半分の相続を認めて保護したものだ」という理由だった。

その後も婚外子規定は憲法違反と訴える裁判が次々と起こされた。しかし95年決定が判例となり、最高裁は判例を変更する可能性がある場合の大法廷(全15人の裁判官)審理に移すことなく、いずれも小法廷(5人の裁判官)で退けていた。

情勢は厳しいとみた岡本は女性を説得した。「民法の規定がおかしいと主張しても通らないでしょう。法律の定め通りにやりませんか」

しかし、女性は拒否を貫いた。調停は不調に終わり、裁判官が決定を下す家事審判に移行した。

昭和50年代、整腸剤として市販されていたキノホルム製剤による薬害の和歌山訴訟などの大型訴訟を手がけたことのある岡本。初めての憲法裁判に取り組むことになる。

「もし、あのとき女性が私の説得に応じていたら、画期的な結論を引き出すことはなかった。女性の頑張りが大きかった」

弁護士登録50年の岡本は、和歌山市の事務所でしみじみと振り返った。

95年の大法廷決定、差別解消の高い壁に

家事審判手続きに移行した段階から、岡本は、民法の規定が憲法違反であるとの主張を前面に出していく。具体的には、法の下の平等(14条1項)のほか、個人としての尊重(13条)、相続などに関し法律が個人の尊厳に立脚しなければならないこと(24条2項)の各条項の違反である。

家事審判官(裁判官)は、のちに滋賀の人工呼吸器外し事件で服役した女性の再審決定に大阪高裁で関与する酒井康夫。2012年3月に出した審判は、岡本が危惧した通りだった。

1995年に最高裁大法廷が「合憲」とした決定を踏襲したからだ。「最高裁決定後に同規定(民法の婚外子規定)を維持することが不合理で、憲法の各条項に違反する明白な社会状況の変化が生じたとは認定しがたい」と婚外子の女性側の主張を退けた。

95年大法廷決定は高い壁になっていた。そこで岡本は抗告(不服申し立て)した大阪高裁でこう主張

する。

「大法廷決定から既に17年が経過している。その間、男女の結婚観が変化し、非嫡出子(婚外子)が増加傾向にある。この規定を正当化する理由となった社会情勢や国民感情は大きく変動している」

高裁(裁判長・赤西芳文)は家裁審判から半年後の2012年9月に決定を出す。「大法廷決定以後、国内的、国際的な環境の変化は相当にあったと言える」と認めた。しかし「(婚外子の)規定は憲法に違反せず有効であると判断せざるをえない」と退けた。

その理由は形式的だった。

95年大法廷決定以降も同様の裁判は次々と起こされ、最高裁はいずれも判例変更の可能性がある大法廷に審理を移すことなく、小法廷で「合憲」と判断、婚外子側の訴えを退けてきた。直近の判断が2009年9月の小法廷決定である。ここで「合憲」とされた相続は00年6月。今回の婚外子女性の相続は01年11月。1年余しかたっていないので、その間に(判例を変更するような)状況の変化があったとは言えない――。

「もうええんちゃう」。これ以上争うことを断念するよう母親に言われていた女性。「家族にはいろいろな形があるのに、婚外子はなぜ半分の価値なのか理解できないまま終われない」とあきらめなかった。

特別抗告によって舞台は最高裁に移る。すると、担当の第一小法廷はしばらくして審理を大法廷に移し、双方の主張を直接聞く弁論を開くと決めた。壁となっていた95年大法廷決定が見直される可能性が出てきた。

女性から弁論を委ねられた弁護士の岡本。初めての大法廷弁論に臨むに当たって「細かい法律論ではなく、この件に関する立法府（国会）の無力と司法の役割の大切さを強調する」方針を立てた。

13年7月、天井から陽光が注ぐ大法廷に立った岡本。欧米諸国で婚外子差別の撤廃が進み、日本の法制審議会も1996年、相続分を平等とする民法改正要綱をまとめたにもかかわらず国会が立法に動かなかったことなどを挙げ、こう訴えた。

「今こそ、立法府により放置されている非嫡出子の救済を司法が図るべきである。民法の規定が違憲・無効であることを明確に示されることを強く切望する」

大法廷の全裁判官15人のうち1人が民法を所管する法務省民事局長経験者だった関係で審理から外れ、法廷で向き合ったのは14人。この中にまたしても長野県出身の裁判官がいた。そして最高裁の変化を後押しすることになる。

「子どもの権利は皆同じ」

その判事は長野県丸子町（現上田市）出身の山浦善樹《よしき》（77）である。

山浦は差別に対して敏感だった。それは自らの生いたちにも由来する。

終戦翌年の46年、貧困家庭に生まれた。父は工場の作業で右手の人さし指を切断し、戦争に行かなかったため「非国民」呼ばわりされた。家は河川敷の埋め立て地にあった古い工場を改造した長屋の8畳一間。そこに6人家族がさなぎのように寝ていた。おんぼろなのが恥ずかしく、友達を家に呼べなかった。小学校に入るまではいじめられっ子だった。

学校から帰ると、毎日暗くなるまで近くの工場のごみ捨て場で鉄くずを拾い、古物商で換金。あんパンを買って空腹をしのいだ。

そろばんを習い、中学を卒業したら信用金庫に就職するつもりだった。3年生の秋、山浦が高校入試の模擬試験の申し込みをしていないのに気づいた担任が言った。「お金がないから就職するなんてだめだ。高校に行けば奨学金制度がある」。説得され上田高校に進学。これが人生の分かれ道だった。

弁護士になった山浦が、日弁連の推薦で最高裁判事に任命されたのは2012年3月。所属する第一小法廷(5人)で婚外子相続の案件を受けた時から、嫡出子の半分とする民法の規定は明らかな差別で違憲だと考えていた。「古色蒼然《そうぜん》としたルールがいまだに生きているのがおかしい。これまで(最高裁が)合憲、合憲で来たことは間違っている」

第一小法廷は程なくして、過去の最高裁判例を変更する可能性がある大法廷に審理を回付することを決めた。スムーズに進んだのは伏線があったからだ。

山浦が着任する前の10年7月。先行した同種案件を第三小法廷(裁判長・那須弘平)が既に大法廷に回付していた。ところが審理中の11年3月、当事者同士が裁判外で和解したことが判明。大法廷は途中で審理を終結させていた。

今回の案件の大法廷審理に当たって裁判長の竹﨑博允《ひろのぶ》(最高裁長官)は「これは前回と同じだが、気持ちを新たにして一から取り組みましょう」と再挑戦を呼びかけた。山浦は前回、違憲判断でまとまっていたことを知った。

1995年の大法廷決定が「合憲」と判断して以降、大法廷に回付せず小法廷で合憲判断を踏襲してきた最高裁。ただ、その内訳は大法廷が合憲10人、違憲5人だったのに対し、その後の小法廷判決、決定5件のうち3件は合憲3人、違憲2人と僅差だった。

さらに、フィリピン人女性と日本人男性の婚外子が日本国籍の取得を求め、大法廷が2008年、国籍取得を認めない国籍法の規定を違憲とした判決。当時、最高裁判事だった才口千晴によると、この審理の中でも、国籍法だけでなく民法の相続規定にまで射程を広げる意見が出ていた。

最高裁内で「違憲」の流れが本流になりつつあった。

今回の審理で山浦はこう表明した。「子どもの権利、価値は親が結婚しているかどうかで変わらない。婚外子を半分にする理由は全くない。平等原則に反し、違憲だ」

13年9月、大法廷は次のような決定を下す。

95年は合憲としたが、時代の変遷で家族の中での個人の尊重がより明確に認識されてきた。これに伴い、父母が婚姻関係になかったという、子自らが選択や修正する余地のない事柄を理由に不利益を及ぼすことは許されないという考えが確立されてきた。（婚外子の）相続分を区別する合理的根拠は失われ、民法の規定は憲法に違反する――。

山浦を含め裁判官全員一致の結論だった。基本法である民法の規定を最高裁が違憲としたのは初めて。その年の12月、婚外子規定を削除した改正民法が成立。明治民法以来115年続いた規定は「差別」として、解消された。

「自分が大きなことをしたという認識はない。子どもの価値は一緒やという当たり前のことを認めてもらっただけ」。23年9月上旬、和歌山県内で会った当事者の女性は静かに振り返った。

夫婦別姓訴訟――私の名前、結婚しても守りたい

「女の人は結婚すると、みんな名字が変わってしまうから誰が誰だか分からなくなっちゃう」

東京都中野区の行政書士、小国《おぐに》香織(49)は小学5年生ぐらいの時、母親が大学の卒業生名簿をめくりながらつぶやいたのを覚えている。結婚で姓を変えなければならないと意識した最初だった。大学時代、二度、中国に留学した。中国では子どもがいようといまいと夫婦は別々の姓を名乗っており、それで不都合はないようだった。

日本の民法750条は

〈夫婦は、婚姻の際に定めるところに従い、夫又は妻の氏(姓)を称する〉

と定める。法務省によると、結婚の際に法律で夫婦同姓を義務付けている国はほかに見当たらない。つまり世界的に見れば日本は特異な国である。

「家の氏を称する」と規定されていた明治民法は戦後の改正で「夫または妻の氏」となったが、同じ姓にする義務は維持された。法文上は夫と妻は平等だが、96％のケースで妻が姓を変えている現実が横たわる。

2006年の結婚を前に小国は悩んでいた。

長く慣れ親しんだ自分の姓を失い、夫の姓で呼ばれるようになれば、自分ではないような感覚になり、アイデンティティー(自己同一性)は損なわれる。かといって夫も自分の姓を変えるつもりはなく、

婚姻届を出さない事実婚しかないと考えていた。

しかし、小国には不安があった。

事実婚の場合、夫婦のどちらかが事故や病気で手術が必要になった時に家族として承諾したり、本人に代わって意思表示したりすることが認められるのかどうか。法定相続人になれないなど法的不利益も多い。

結局、結婚式当日になって夫の姓で婚姻届を出し、「小国」は通称として使用することにした。幸い行政書士は届け出によって職名に旧姓を使用することができた。ただ、遺言作成の依頼を受け、公証役場で立会人としてサインする時に公証人から「遺言の効力に問題が出るといけないから」と戸籍上の名前を求められたこともあった。

報酬を振り込んでもらう銀行口座の開設も戸籍名を求められ、職名と不一致になるので、結婚前の口座を名義変更しないで使うしかなかった。戸籍名を求められるたびに「自分が否定されているような感じがする」と言う。

現在は主に長野県軽井沢町で暮らす弁護士の榊原富士子(70)。1979年、司法修習で訪れた法律事務所で、のちに最高裁判事になる弁護士宮崎裕子《ゆうこ》の自己紹介に衝撃を受けた。「私は旧姓で弁護士活動しています」。結婚したら女性が姓を変えるものと思い込んでいたが「変えなくてもやっていけるんだ」と気づいた。それが、そもそも結婚で姓を変えなくてもよい選択的夫婦別姓を求める活動につながっていく。

81年に弁護士になり、友人たちと市民団体「夫婦別姓選択制をすすめる会」をつくった。アンケートをすると、多くの女性が姓を変えることを苦痛に感じていることが分かった。所属する東京弁護士会で夫婦別姓をテーマにしたシンポジウムを開くと会場がいっぱいになり、関心の高さをうかがわせた。

自らも旧姓で活動を続けていた榊原の元に２０１０年、富山市から１人の女性が訪ねてきた。74歳だった元高校教諭、塚本協子（２０１９年死去）である。１９６０年に結婚したが、姓を変えることを望まず、当時は珍しい事実婚を選んだ。ただ、子どもが婚外子にならないよう出産のたびに夫の姓で結婚し、ペーパー離婚することを繰り返してきた。

その塚本が榊原を訪ねた年。当時の法相、千葉景子が法制審議会の答申を踏まえ、選択的夫婦別姓を盛り込んだ民法改正案を国会に提出しようとしたが、保守派の反対で断念していた。「司法が最後のとりで。裁判しかない」。50年にわたる姓の葛藤を抱えてきた塚本は榊原にこう訴えた。その熱意に榊原は提訴を決断する。

訴訟には、同様に夫婦別姓を求める小国ら４人も加わった。弁護団は12人が集まり、うち10人が女性。明治以来、夫婦同姓を義務付けてきた民法の規定の違憲判断を求める初の裁判が動き出した。

同じ姓の強制は「違憲」　憲法学者が意見書

一審東京地裁の裁判長は、女性だった。

夫婦それぞれの姓で結婚できるよう求める初の訴訟。女性中心の原告団・弁護団は訴えが理解されやすいのではと期待した。

ほとんどの結婚で女性が姓を変えているのが現状。訴状では、結婚で同じ姓にすることを義務付けた民法750条の規定は「両性の平等」などを定めた憲法に違反するとして国家賠償(計600万円)を求めた。

2012年10月。地裁の法廷で陳述した原告の小国は、姓を変えることの苦痛を説明した後こう訴えた。「自分の娘が将来、結婚したいと思ったとき、私と同じような悩みを持つことなく、晴れ晴れとした気持ちで結婚できるような法制度にしていただきたい」

裁判長の石栗正子は一つ一つうなずいて聞いていたという。訴訟指揮も穏やかだった。

だが、期待は裏切られる。翌年5月、判決は原告の請求を棄却。「婚姻に際し、当事者がいずれも婚姻前の氏(姓)を称する権利が憲法上保障されているとは言えない」とつれなかった。

ただ、弁護団長の榊原は「評価できる点もある」と言う。その一つが、戦後の第1回国会の民法改正に関する委員会審議に判決が言及したことだ。夫婦を一つの姓にすることについて「(審議では)婚姻制度に必要不可欠とも婚姻の本質に起因するとも説明されていない」と指摘していた。榊原は「婚姻の本質と夫婦同姓の関係は希薄だとあえて発信しているように見える」と話す。石栗が弁護団に一つの示唆を与えたのだろうか。

それから1年近くたった14年3月の東京高裁判決も原告敗訴だった。裁判長の荒井勉は、結婚で夫婦どちらかの姓にする民法の規定は「当該男女間の自由かつ平等な意思に基づく協議の結果、届け出ることを定めている」、「旧来社会的に受容され、現時点においてもなお国民の支持を失っていない」などと合憲の判断を示した。

しかし、96％のケースで女性が姓を変えている現実は本当に「自由かつ平等な意思に基づく」と言えるのか。弁護団は上告審に向けて、ある本を重要な参考資料にした。

大学の教科書としても使われる『立憲主義と日本国憲法』（有斐閣刊）。著者は東京大名誉教授の高橋和之。戦後日本を代表する憲法学者芦部信喜の東大での最初の助手で、現代憲法学の重鎮である。

この本で高橋は憲法14条「法の下の平等」の解説に「形式的平等と実質的平等」という項目を設け、次のように記述している。

〈結果の不平等が存在するなら……それが能力や努力の違いといった正当化しうる理由ではなく、機会の不平等から生じていることが論証されれば、機会の平等の実質化を求めることは正当〉

弁護団は夫婦同姓の義務付けにもあてはまるのではないかと考えた。都内の法律事務所に高橋を訪ね、見解を聴いた上で、それを最高裁に提出する意見書として書いてほしいと依頼した。

高橋は承諾し、Ａ４判にして５枚の意見書を、ですます調で簡潔にまとめた。

夫または妻の氏を称するとした民法７５０条は「形式的にはまったく平等です。しかし、……女は男の家に嫁ぎ、その家の氏を称するものだという、戦前に植え付けられた家族観、婚姻観が戦後にも国民の意識の中に持続し、無言の社会的圧力となって、婚姻前の氏を維持したいと考える女性に氏の変更を『強制』しているのです」。

その上で夫婦同姓の強制が「女性の従属的地位を温存し、助長する機能を果たしており、『個人の尊厳と両性の本質的平等』を侵害する」と憲法違反の結論で締めくくった。

23年10月中旬、高橋への取材の最後に「民法750条は、いつから違憲になったのか」と尋ねた。答えは明確だった。「こうなることを戦後の民法改正時に気づくべきで、その当初から違憲だった」

判事の「女子会」で議論、「違憲」通らず

一、二審とも敗訴し、上告した夫婦別姓訴訟の原告5人。15年2月、最高裁が大法廷に審理を移し、弁論を開くと決め、期待が高まった。少なくとも門前払いではなく、結婚での夫婦同姓を定めた民法750条の初の憲法判断を示すことが確実になったからだ。

この規定は実質的に不平等で違憲と主張する原告。この年の11月、代表して大法廷弁論に立ったのは、旧姓を通称使用する小国。国会が一部の反対で選択的夫婦別姓制度の実現に動かないと主張し、力を込めてこう述べた。

「司法に訴えたのは、政治に期待していてはもうだめなのではという差し迫った思いに突き動かされてのことです。これから家庭を持とうという人たち、私たちの子ども世代のためにも夫婦別姓を選べる社会を実現できる判決を強く望みます」

小国は、正面の壇上で視界に入りきらないほどの幅で並んだ黒い法服の判事15人を見据えた。女性が3人。過去最多である。「それでも5分の1に過ぎない。男性の多くが合憲としたら勝ち目はない」

女性3人の中で最も早く最高裁判事になったのが桜井龍子《りゅうこ》(76)である。旧労働省女性局長などを務め、08年9月に任命された。その桜井も夫婦別姓を通してきた。

労働省時代、キャリアを積み上げ、人的ネットワークも築いてきたため姓を変えない事実婚を選択。

自宅を購入する際、今後の相続を考え籍を入れたが、仕事では旧姓(藤井)使用を通し、同省も認めてきた。

最高裁でも旧姓を使おうと思ったが、事務総局は認めなかった。理由は「判決は法的拘束力を持つ文書。法的根拠のない名前で書くことはできない」だった。

15人の判事が暫定的な結論を述べ合う別姓訴訟最初の会議。案の定、女性判事3人は全員、民法の規定は「違憲」としたが、男性判事の大半は「合憲」だった。

桜井と岡部喜代子(学者出身)、鬼丸かおる(弁護士出身)の3判事は「違憲」に少しでもインパクトを持たせるため、まとまって判決意見を書くことにした。民法が専門で裁判官経験も長い岡部が原案を作成。3人は「女子会」と称して裁判所内外に集まり、議論を重ねた。

意見の結論はこうなった。

夫の氏(姓)を称することが妻の意思に基づくものであるとしても、その意思決定の過程に現実の不平等と力関係が作用している。多くの場合、妻のみが個人識別機能を損ねられ、自己喪失感という負担を負うことになる。個人の尊厳と両性の本質的平等に立脚することを定めた憲法24条に違反する――。

この意見は多数とはならなかった。

大法廷弁論から1カ月余が過ぎた12月16日の判決。男性判事10人が民法の規定は「合憲」と判断、原告の上告は棄却された。

「自らの意思に関わりなく氏を改めることを強制するものではない」「『夫または妻の氏を称する』

との規定は性別に基づく法的差別ではない」「個人の尊厳と両性の本質的平等に照らして合理性を欠くとは認められない」。判決理由は、憲法13条(個人の尊重)、14条(法の下の平等)、24条のいずれにも違反しないとした。

しかも、原告の小国が弁論で「国会が動かないから提訴した」と述べたことを無視するかのように「この種の制度のあり方は、国会で論ぜられ判断されるべき事柄」と国会論議に委ねた。

この判決によって最高裁は自己矛盾に陥る。姓を変えることとの不利益は「通称使用が広まることで緩和されうる」と判決で示したのに、最高裁自身が女性判事の通称(旧姓)使用を認めていなかったからだ。疑問視する声が上がり、判決から2年弱の17年9月から旧姓使用を許可した。

判決では、男性で違憲判断した判事が2人いた。そのうち山浦善樹は「国会が長期にわたって立法措置を怠った」と国家賠償まで認める反対意見を書いた。

山浦は言う。「裁判の根底にあるのは、15人の裁判官の人生観や価値観、女性観。歴史的審判を受けたのは裁判官なのです」

[2次訴訟も最高裁は2022年3月、合憲と判断。3次訴訟が24年3月、提訴された]

同性婚訴訟——誰もが愛する人と結婚できる社会に

2023年12月中旬、肌を刺すような寒さの札幌の夜。暖房のよく効いたマンションの1室に中谷《なかや》衣里《えり》(32)とパートナーが迎え入れてくれた。

玄関のシューズラックには仲の良さを表すようにおそろいのスニーカーがずらりと並ぶ。2LDKの部屋に設置された飾り棚やペットの猫が遊ぶためのキャットタワー、小上がりは日曜大工が得意なパートナーが手作りした。

パートナーは女性、千恵(37)=仮名。一緒に暮らして14年になる。この日は仕事が休みだった千恵が買い物し、夕食用に豚の角煮とレンコンのきんぴらなどを作り、衣里が仕事から帰るのを待って一緒に食べた。

2人の休みが合う日には共通の趣味の温泉旅行や食べ歩きをしに車で出かける。ふだんあまり話す時間がない分、1週間の出来事を語り合い、一緒に笑ったり、驚いたりする。精神的にも経済的にも支え合っており、「男女の夫婦と何も変わらない生活」と2人は口をそろえる。

衣里が同性愛を自覚したのは中学2年の時。それまで友達が盛り上がる男子との恋愛話に興味が湧かなかったが、テレビで見た宝塚歌劇団の俳優にファン以上の恋愛感情を抱いた。

「人にはいろいろなアイデンティティー(自己同一性)があり、自分はレズビアンというアイデンティティーを大切にしたい。隠すことは友達にも自分にも不誠実」と思い、高校入学後に友達にカミングアウト（表明）した。するとアウティング（本人の了解のない暴露）され、学年中にゴシップネタのように広まった。

女性からのラブレターを見つけられ、両親に説明した時は2人とも泣いて拒絶し、きょうだいの発達に影響するからと口止めされた。女性と交際しないよう登下校時に両親のどちらかが車で送り迎えし自宅に「軟禁」。母は「思春期の気の迷い。じきに治るよ」と病気のように言い、娘を唆《そそのか》している人物がいるとみて、取り上げた携帯電話に着信履歴がある相手に深夜、電話をかけ続けた。

「自分が自分でいられない。もう消えてしまいたい」。そんな思いに駆られている時に相談に乗ってくれたのが道内の会社員、千恵だった。パソコンでインターネットの専用掲示板を見て知り合った。衣里は優しくて家庭的な千恵にひかれた。衣里が親元を離れて札幌市の大学に進むと、千恵も札幌に移り、一緒に暮らすようになった。

2018年、2人は性的マイノリティー（少数者）のカップルを公的に認める札幌市のパートナーシップ宣誓制度の手続きをした。この時に衣里は千恵に指輪を贈り、2人は婚約した。しかし、パートナーシップ宣誓制度に法的な効力はなく、男女の夫婦なら得られる権利や利益がない。2人は早速、その壁にぶつかる。

衣里が東京に転勤になった時、社宅での千恵との同居を希望したが、認められなかった。会社の規定で同居できるのは配偶者か結婚を前提にしたパートナーに限られるからだ。札幌でマンションを購入する時も当時、同性カップルでペアローンを組める金融機関は見当たらなかった。このためお互いの貯金を出し合って一括購入するしかなく、家計はかなり厳しくなった。

将来に対する不安もある。どちらかが意識不明で救急搬送された時、法的な親族でなければ面会、病状説明を求めたり、手術の同意をしたりできない可能性がある。所得税・住民税の配偶者控除はなく、どちらかが亡くなった場合、法定相続人にもなれない。

性的少数者を支援するNPOの活動をしていた衣里にある日、会員の女性弁護士から打診があった。「裁判の原告になりませんか」

国は、民法や戸籍法の「夫婦」はあくまで男性と女性だとして、同性間の婚姻を認めていない。これは法の下の平等を定めた憲法に反するとの判決を引き出し、法律を変えて同性同士でも結婚できるようにする——。そんな狙いだった。2人は「ぜひやらせてください」と同意した。

形の上では損害賠償の請求訴訟とするため、婚姻届が不受理になった事実が必要だった。19年1月、2人は弁護士の付き添いで札幌市中央区役所に婚姻届を出しに行った。すると、先に来た男女のカップルが窓口に婚姻届を提出したところだった。付き添った親族らから「おめでとう」「良かったね」と声をかけられていた。

誰にも祝福されない婚姻届を出す2人。その対比が悲しかった。

数日後、婚姻届は「不受理処分」との紙が貼られ、返送されてきた。

「私も同性愛者」弁護士が法廷で表明

同年2月14日のバレンタインデー。8都道府県の同性カップル13組が札幌、東京、名古屋、大阪の4地裁に一斉に提訴した。同性間の結婚を認めないのは、憲法が保障する婚姻の自由を侵害し、法の下の平等にも反すると国に損害賠償を求める初の訴訟。連携する各地の原告代理人弁護団は、これを「結婚の自由をすべての人に」訴訟と名付け、同性婚の実現を目指す同名の公益社団法人を設立した。

その2カ月後、札幌訴訟の第1回口頭弁論。3組の原告の1人、中谷は意見陳述のため緊張した表情で札幌地裁の法廷に立っていた。この時はまだ実名を明らかにしておらず、呼び名は「原告番号6番」だった。

当時、同性の千恵と交際して12年。同居の暮らしぶり、法的な結婚ができないことによる不利益や将来の不安を述べた後、こう訴えた。

「私たちの願いは、日本に数多くいるセクシュアルマイノリティー(性的少数者)の幸せの選択肢を増やすことにつながります。司法の判断が、多くの人々の将来を決定付けることをどうか忘れないでください」

衣里の心の内は複雑だった。

〈何で私はここに立っているのだろう。異性愛者なら結婚して将来を築いていくことに時間をかけられるのに、同性愛者というだけで裁判に労力を費やさなければならないなんて……〉

裁判長の武部知子(54)は顔を上げて衣里の目を見ていた。時折、うなずくしぐさをしたのが衣里の印象に残った。

武部は、期日外に当事者双方を交えて日程などを話し合う「進行協議」の初期に「この事件は2年以内に判決します」と宣言。異動前に自らが判決を言い渡す姿勢を見せた。

こうした積極的な訴訟指揮によって4地裁の中で最も早く審理が進み、翌20年10月には最終の弁論期日を迎えた。ここで「告白」があった。

原告弁護団(8人)を代表して意見陳述に立った加藤丈晴(50)。国側が「異性愛者であっても同性愛者であっても異性との婚姻はできるので差別ではない」などと主張していることに反論。「詭弁《きべん》でしかない。愛するパートナーとのかけがえのない関係が公認されず、社会に受け入れられないことで日々、尊厳が傷つけられている」と非難した。

その後、「少し個人的な話をします」と前置きして、自分が同性愛者であると初めて法廷で打ち明けたのだ。

加藤が同性愛を自覚したのは高校時代だった。悩み始めている時に衝撃を受けたのが「府中青年の家事件」だった。高校教員の父親が購読していた教育雑誌に載っていた。

１９９０年、東京都教育委員会が管理する社会教育施設「青年の家」で学習合宿した同性愛者の団体が、他の青少年の健全な育成に有害などの理由で次の宿泊利用を拒否された事件である。加藤は「自分の存在を否定されるような激しい心の痛みを感じた」という。

この事件は裁判になり、97年、都側の対応は違法として損害賠償を認める判決が東京高裁で確定した。「行政当局は、少数者である同性愛者をも視野に入れたきめの細かな配慮が必要であり、同性愛者の権利、利益を十分に擁護することが要請されている」。この判決文を司法試験の勉強中に判例集で知った加藤は「勇気づけられ、同性愛者として生きていく自信を与えられた」と振り返る。

弁護士になった加藤は２０１６～17年、米国で性的少数者の人権について学ぶため、日弁連の制度を利用してニューヨーク大に留学した。15年に連邦最高裁が同性カップルの結婚する権利を認めた米国。ニューヨークのセントラルパークには、ウェディングドレス姿同士、タキシード姿同士で結婚写真を撮るカップルが日常的に見られた。

「同性愛者がクローゼットの中から出て行かないと、いないことにされてしまう」。帰国後、所属する法律事務所内でカミングアウトした。

代理人ながら自分のことを法廷でも表明したのは、口には出さなかったが裁判官にこんな思いを伝えたかったからだ。

〈あなたが裁こうとしているのは、遠い所にいる一部の人たちの問題ではなく、ここにいたり、あなたの身近にいるかもしれない人の人権の問題。あなたの判断によってこの人たちの人生を左右することになる〉

加藤は最終意見陳述を張りのある声で締めくくった。

「この裁判は、誰もが自分らしく生きることを国から保障されるという意味で、全ての人の尊厳に関わる問題です」

裁判長、震えるような声で「憲法に違反する」

傍聴席は満席だった。21年3月17日。同性婚訴訟の初判決が言い渡される札幌地裁の法廷。民事のベテランの裁判長、武部は、淡々と判決を読み始めた。

「主文　原告らの請求をいずれも棄却する」

訴訟は、形の上では国に対する損害賠償請求。棄却されるのは原告弁護団もある程度、織り込み済み。重要なのは、判決の中でどのような憲法判断を示すか。それが法改正を進めるきっかけになるからだ。主文に続く判決要旨朗読に原告、弁護士、傍聴人が耳をそばだてた。

武部はまず、憲法24条(婚姻の自由)違反かどうかについて、「条文が『両性』(の合意)など男女を想起させる文言を用いており、異性婚について定めたもので同性婚について定めるものではない」と違憲性を否定。憲法13条(個人の尊重)についても「同性間の婚姻など特定の制度を求める権利が保障されていると解するのは困難」と、違反を認めなかった。

「やっぱり駄目なのか……」。原告代理人の弁護士、加藤は心の中でつぶやいた。

しかし、憲法14条(法の下の平等)についての朗読に入ると、トーンが変わった。

「異性愛者と同性愛者の違いは、人の意思によって選択・変更し得ない性的指向の差異でしかなく、いかなる指向を有する者であっても、享有し得る法的利益に差異はない」。武部は平等の原則を指摘した後、震えるような声でこう述べた。

「(民法、戸籍法の規定が)同性愛者に対しては、婚姻によって生じる法的効果の一部ですらも享受する法的手段を提供しないとしていることは……合理的根拠を欠く差別取り扱いに当たる。したがって憲法14条に違反すると認める」

原告の1人、中谷は、判決独特の言い回しに意味がよく分からなかった。目の前で女性弁護士が声を上げて泣き出したのを見て分かった。「違憲なんだ」。思わず涙が込み上げてきた。加藤も不安が安《あん》堵《ど》に変わり涙を浮かべた。傍聴席からはおえつが漏れた。

歴史的な判決から2週間。法改正への動きは見られず、原告側は上級審での違憲判決を求め札幌高裁に控訴した。

両親に同性愛を受け入れてもらえなかった中谷。一審が始まってから、裁判の意味やなぜ原告になったかなどをスライドにまとめ、パソコンに映して両親に説明した。2人とも泣いていたが、娘の真《しん》摯《し》な姿に「同性と共に生きていく意志がここまで固いとは思わなかった」と、初めて認めてくれた。母親は中谷と同居するパートナーの千恵に宛てた手紙にこう書いた。「これからも衣里のことをよろしくお願いします」

控訴審の途中で中谷はさらに両親を説得した。「悪いことをして裁判になっているわけではない。名前を隠す意味はない」。これまでの「原告番号6番」「控訴人番号6番」ではなく実名で法廷に臨むことに両親は同意した。23年10月末、中谷は千恵と並んで高裁最後の意見陳述をし、涙ぐみながら訴えた。「同性カップルが結婚を選択できる権利に守られながら、この後の数十年の人生を2人で希望を持って生きたい」。傍聴席には母の姿があった。

一審の違憲判決後、同性婚についての自説を変更した憲法学者がいる。立教大名誉教授の渋谷《しぶたに》秀樹(68)。日本を代表する憲法学者、故芦部信喜の東大最後の門下生である。

渋谷は、大学の教科書としても使われる自著『憲法』第3版(2017年発行)で「同性間の婚姻が異性間の婚姻と同程度に保障されると解することは、憲法の文言上困難である」と記述していた。

同性愛が精神疾患や性格異常とする従来の精神医学、心理学上の知見が否定されたことを「不覚にも知らずに記した」と率直に反省する。原告弁護団から求められた意見書には「(同性婚を認めないという)性的指向に基づく差別は、憲法14条1項が禁じる『性別』に基づく差別に当たる」と明記。こう締めくくった。「憲法は、同性間の婚姻にも異性間の婚姻と同程度に保障を与えている」

意見書は札幌高裁のほか一審係争中だった各地裁に提出された。

〔札幌高裁は２０２４年３月、同性婚を認めない民法、戸籍法の規定は憲法14条１項だけでなく、24条１項、2項にも反するとの判決を出した。ただ国家賠償請求は棄却し、原告は上告した〕

第8章　個人の尊重（13条）

「強制不妊訴訟」の鈴木由美

（13条）

すべて国民は，個人として尊重される．生命，自由及び幸福追求に対する国民の権利については，公共の福祉に反しない限り，立法その他の国政の上で，最大の尊重を必要とする．

強制不妊訴訟――「優生保護」という差別

「真っ白なライトがいっぱい。（医師の）メスがきらっと光って怖かったです。思わずワーンと泣いて、おわんみたいな物（麻酔用のマスク）を口にかぶされました」

２０２４年５月29日午後、吹き抜けの天井から自然光が降り注ぐ最高裁大法廷。旧優生保護法の下、12歳で何も知らされずに不妊手術を受けた鈴木由美（68）は、車いすの上から声を絞り出すように恐怖の記憶を語った。

強制不妊手術は憲法13条などに違反すると国に損害賠償を求めた訴訟の上告審。この日は高裁判決を経た大阪、東京、札幌、兵庫、仙台の5訴訟の原告たちが午前と午後に分かれて、最初で最後の弁論に臨んだ。

障害者や支援者らで１６２の傍聴席は満席に。弁論での発言はすぐに文章化するモニターに映し出され、手話通訳も行われた。

鈴木が弁論を始める前に代理人弁護士の細田梨恵（34）が「どうかお顔を見て、お話を聞いてください」と呼びかけると、壇上の15人の裁判官が一斉に右下の原告席に顔を向ける。細田は鈴木の前にしゃがみ質問、ピンマイクを向けられた鈴木が答える形で弁論した。

――子どもが欲しいと考えていましたか。

「小さい時から子どもが好きで、お母さんのように子どもをつくりたかった」

――あなたは手術を受けた後、寝たきりになりましたね。

「入院中、退院後、(手術の恐怖の)フラッシュバックが起き、けいれん、けいれんばっかりで20年間寝たきり。怖かったです。青春みたいなものはなかった。障害があっても晴れ着着て成人式に出たかったけれど、行けなかった……」

傍聴席からおえつが漏れた。

「小さい頃から差別を受け、苦しんできた。それを少しでも裁判官に分かってもらおうと訴えました」。同年6月6日、鈴木は神戸市の自宅で振り返った。

鈴木は1955(昭和30)年、大阪市で生まれた。先天性の脳性まひで手足に運動障害がある。出生まもなく両親が離婚。神戸の母方の実家に預けられ、祖母が面倒を見た。

歩けないことを理由に就学免除を受け、小、中、高校も養護学校も一度も学校に通えなかった。昼間はずっと家にいて、塗り絵をしたり、テレビを見たりして過ごした。

68年2月ごろ、母から「由美、来月入院するから」と告げられた。理由は教えてもらえず「歩けるようになるための手術をするのかな」と思っていた。

手術当日。麻酔から覚めると、おなかが突っ張るような感じがした。着替える時、へその下に糸で縫われた縦15センチほどの傷があるのに気づいた。「なんで」。家族も医師も看護師も誰も説明してくれなかった。

〈不良な子孫の出生を防止する〉(第1条)ことを目的として、知的障害や精神疾患、遺伝性疾患などを理由に不妊手術や人工妊娠中絶手術を認めた優生保護法。戦後の48年に制定され、96年に障害者差別に当たる条文を削って母体保護法に改称されるまで半世紀近く続いた。不妊出術を受けたのは全国で約2万5000人に上る。

鈴木が手術を受けたのは法制定から20年に当たるが、教育を受けていない12歳が手術の意味を知る由もなかった。成長して、生理が来ないことから徐々に子宮を摘出されたのではないかと思うようになった。91年ごろ、通っていた障害者施設の施設長に伝わり「由美もか」と言われた。ほかにも同様の手術を受けた人がいることを知った。

その後、就労支援の作業所のある大阪市で1人暮らしを始め、介助ボランティアの男性と98年に結婚。男性は子どもができないことを承知で一緒になってくれた。

ところが夫は近所の子どもを見ているうちに「子どもが欲しいなあ」と言い出すようになり、夫婦間がぎくしゃくして5年後に離婚。別れ際、「子どもがおったら俺も変わっていたのに」と言われた。離婚の原因が、子どもができない自分にあるような言い方で切なく、むなしかった。

2017年末、強制不妊手術を巡って新たな動きが起きていた。宮城県の60代女性が国を相手に損害賠償を求める訴えを起こす――。友人から聞いた鈴木は、そんな裁判ができることを初めて知った。そして自分も裁判を起こすことを決断する。

「このまま泣き寝入りしたら、これから先に障害を持つ人が同じようなことをされるかもしれない。それを防ぎたいと思った」

闇に沈んだ被害、葬られた「国会の責任」

——なぜ、そのようなこと(不妊手術の際の毛ぞり)をされるのか、看護師さんに聞かなかったんですか。

「学校へ行っていない、どんな教育も受けてませんから、聞くのが怖かったし、ばかにされても恥ずかしいから聞けませんでした」

20年9月、神戸地裁の法廷。原告代理人の弁護士が次々と質問する本人尋問に、車いすに乗った鈴木は証言台の前で、12歳の時の記憶を懸命に答えていた。

旧優生保護法の下の強制不妊訴訟。多くが仮名で訴える中で、鈴木は迷った末、実名で19年2月、提訴した。「私は何も悪いことをしていない。実名を出せば、ほかの人たちも勇気を持って訴えてくれると思った」。提訴したのは全国で39人になったが、不妊手術を受けさせられた約2万5000人のほんの一部に過ぎない。

鈴木ら神戸地裁に提訴した7人(その後2人は死去)を支える弁護団(約20人)の団長は藤原精吾(82)である。半世紀前、障害者の有名事件「堀木訴訟」を弁護士になって3年目に手がけた。

障害福祉年金を受けている全盲の女性が、母子家庭を対象にした児童扶養手当を申請しようとしたところ、年金との「併給禁止規定」によって窓口で拒否され、規定は憲法違反と訴えた訴訟。一審勝訴、二審、最高裁敗訴だったが児童扶養手当法の改正を促す成果を得た。

それ以来、藤原は障害者団体とのつながりが生まれ、障害者差別の相談に乗ったり訴訟を起こしたりしてきた。その藤原でさえ、ハンセン病患者以外にも広く障害者に強制不妊手術が行われていたことを17年末、宮城県の女性が提訴すると報道されるまで知らなかったと打ち明ける。

「遺伝性の障害で不妊手術を受けたことを家族にも言い出せなかった人たち。鈴木さんのようにそもそも何の手術だったのか分からなかった人も多い。この問題の深刻な側面だ」と藤原。被害が顕在化するまで48年の法制定から70年近く、闇の中に沈んでいたのである。

基本的人権の尊重をうたった日本国憲法が施行された47年の翌年になぜ、このような差別立法がなされ、48年もの間存続したのか。弁護団は、当時敬和学園大教授で差別の歴史に詳しい藤野豊(71)＝日本近現代史＝に地裁へ提出する意見書の作成を依頼した。

国会議事録や文献を丹念に調べた意見書(計39ページ)によると、47年8月、最初に優生保護法案を提出したのは社会党の議員たちだった。戦後の貧困と食糧難で人口抑制が課題になっていたことを背景に、人工妊娠中絶による産児制限に主眼を置いていたとみられ、法の目的として「母体の生命健康を保護」が最初にあり、「不良な子孫の出生を防ぎ」が続いた。時間切れで廃案になると今度は医師出身の民主党(後の自民党)議員が主導して超党派の議員立法案として提出。目的は「不良な子孫——」が先になり、48年6月、衆参両院が全会一致で可決、成立する。

その後、強制不妊手術の申請を医師に義務化したり、対象を遺伝性ではない精神・知的障害者に広げたりするなどの改正を繰り返したが、国会で障害者の人権の観点から反対する意見はなかった。

法成立から26年たった74年、ようやく社会党議員から「生まれてくる子どもを差別、選別する」「基本的人権を無視している」との批判が出る。ただ、それは羊水検査で胎児に重度の障害や病気が見つかった場合、妊娠中絶を認める「胎児条項」を加えることに対してであり、既に障害者に行われてきた強制不妊手術には言及がなかった。

国際的な批判の高まりを背景に96年4月、ハンセン病患者の強制隔離を規定したらい予防法が廃止される。国会で活発な論議があり、菅直人厚生相が国の責任を認め、謝罪した。その年の6月、優生保護法は「不良な子孫」の出生に関する条文が全て削除され、母体保護法に改正される。らい予防法とは対照的に改正についての実質審議は一切なく、謝罪もなかった。

「らい予防法が政府提出法案だったのに対し、優生保護法は超党派の議員立法。『公益』を理由に特定の障害者、病者に重大な人権侵害を続けてきたことを国会が認めなければならず、与野党ともそれを回避した」。藤野はそう分析する。

葬られた「国会の責任」。神戸地裁の裁判長、小池明善は着目していた。

救済阻んだ「20年の壁」判例

主文　原告らの請求をいずれも棄却する――。

2021年8月3日、神戸地裁の法廷。旧優生保護法下の強制不妊兵庫訴訟で裁判長の小池が判決を言い渡すと傍聴席からため息が漏れた。

旧優生保護法について小池は判決で、「極めて非人道的で、幸福追求権・自己決定権を保障する憲法13条などに違反する」と、違憲性をはっきり認めた。

しかし、国家賠償については「(原告らの)手術は60〜68年に実施され『不法行為の時』から20年が経過しているから、損害賠償請求権は消滅した」などと「除斥《じょせき》期間」を適用し、退けた。

違憲だが賠償は認めない。このような判決は仙台、大阪、札幌各地裁と続き4例目。「横並び」との批判も出た。ただ、神戸地裁判決には他にない重要な指摘があった。「国会議員の過失」を認めたことである。

「(旧法の)憲法違反が明白で速やかに改廃すべきだったのに96年まで長期間、改廃しなかったことは違法」。だが、過失も除斥期間という「時の壁」で不問に付されることになる。

「除斥期間」は法律に明記されていない概念である。当時の民法は「不法行為による損害賠償請求権の期間の制限」(724条)についてこう規定していた。

〈被害者又はその法定代理人が損害及び加害者を知った時から3年間行使しないときは、時効によって消滅する。不法行為の時から20年を経過したときも、同様とする〉(傍線筆者)

後段の「20年」の期間について、事情に関係なく一律に権利が消滅する「除斥期間」であると最高裁小法廷が89年に解釈。被害が認識できないなどの事情によって中断や停止のある「時効」と区別した。「法律関係を確定させる」理由だが、判例となり、公害や薬害といった訴訟で多くの原告が涙をのんだ。

この最高裁の解釈が無理筋だったのは、2020年に施行された改正民法で「20年」についても「時効」と明記されたことで示されている。ただ、強制不妊訴訟のように民法改正前の事案には適用されず、最高裁の解釈が亡霊のように付きまとう。

強制不妊訴訟でこの亡霊を最初に追い払ったのが大阪高裁裁判長だった太田晃詳《てるよし》である。22年2月、大阪訴訟の控訴審判決。「差別や偏見の下、原告らは訴訟提起の前提となる情報や相談機会へのアクセスが著しく困難な環境にあった。除斥期間の適用をそのまま認めることは著しく正義、公平の理念に反する」と最高裁判例に従わず、初めて国に賠償を命じた。

すると今度は高裁での横並び現象が起きる。東京高裁、札幌高裁、兵庫訴訟の大阪高裁がいずれも「正義、公平の理念に反する」と除斥期間を適用せず、賠償を命じた。中でも兵庫訴訟の大阪高裁裁判長、中垣内《なかがいと》健治は「国は(旧法が)憲法上の権利を違法に侵害したことを認めず、それを原告が明白に認識するのを妨げ続けている」と指摘。国が憲法違反を認めるか、最高裁の憲法違反判決が確定するか、どちらか早い方から6カ月は除斥期間の効果が発生しないとの初判断をした。いまだ時計の針は回っていないと示したのである。

24年5月29日午後、兵庫訴訟の原告弁護団長、藤原は、障害者訴訟の先駆け「堀木訴訟」以来42年ぶりに最高裁大法廷の弁論に臨んだ。「勇気を出し、身内の反対を押し切ってこの裁判に立ち上がった原告たちは、裁判所が国に賠償を命じることによって、自分たちが間違っていなかったと初めて認められるのです」。障害者や支援者らで埋まった傍聴席からすすり泣く声が聞こえた。

最後に弁論に立った国の指定代理人、春名茂(訟務検事)。「除斥期間の例外を広く認める解釈を採ると、今後、既に消滅したはずの責任を追及する訴訟の提起がされるなど、その法的安定性に対する影響は計り知れない」と最高裁をけん制し、請求棄却を求めた。

「(障害による就学免除で)学校へ行ってない。ずっと家におって社会のことも分からへん。情報も何もないのにどうやって20年のうちに訴えんの。どこへ行けばいいかも分からへんやんか」。12歳の時に何も知らされず不妊手術を受けた鈴木は取材に対し、うめくように訴えた。

被害に遭っても事情に関係なく20年たてば救わない――。こんな判例をつくり維持してきた最高裁にも責任はないのか。言い渡す判決は、最高裁自身も問われる。

［上告された5訴訟について最高裁大法廷は2024年7月3日の判決で、旧優生保護法は違憲とし、国に賠償を命じる初の統一判断を示した。除斥期間については89年判例を変更。「国を免責するのは著しく正義・公平に反する」として適用しなかった。これを受けて岸田文雄首相（当時）は原告らと面会して謝罪。24年9月、原告側と政府は、手術を受けた本人に国が1500万円の慰謝料を支払うことを柱とする和解の合意書に調印した。訴訟に参加していない被害者にも同様に補償金を支払う法律が成立した］

釜ヶ崎監視カメラ訴訟(民事)――集中監視はプライバシー侵害

大阪のシンボル、通天閣をホームから望むJR新今宮駅の南側。日雇い労働の求職、求人者が集まる寄せ場があり、簡易宿泊所(ドヤ)や小さな飲食店などが立ち並ぶ一帯は、古くから釜ヶ崎(大阪市西成区あいりん地区)と呼ばれる。

江戸時代、漁村にあった貧しい集落が明治期、大阪府の取締規則で追い払われ、スラムと木賃宿(安宿)が南に移ってきたのが始まりとされる。戦後復興から高度経済成長で日雇い労働者の流入が急速に進んだ。

大阪市出身の稲垣浩(80)が日雇い労働で釜ヶ崎に来たのは1971(昭和46)年春だった。栄養専門学校を卒業し、給食会社に就職。労働組合をつくろうとしたら解雇され、その無効を訴える裁判の費用と生活費を稼ぐためだった。

その2年後、第1次オイルショックによる不況が始まると、釜ヶ崎の労働者の仕事が減り、ドヤに泊まれず路上で生活する人が増えていった。労組の全港湾建設支部西成分会に加わった稲垣は、年末年始に野宿する労働者のために地区内の公園にテントを張ったり、炊き出しをしたりする「越冬闘争」に参加。その後、自ら日雇いの労働組合をつくって炊き出しを通年化し、医療・労働相談やデモ行進などにも取り組む。

「くすぶり(路上生活者らの蔑称)相手に飯食わしてどないするんや」。周囲から何度、けなされても

「どんな人でも人間として生きていく権利がある」と、カンパを基にした炊き出しを続け半世紀になる。

一方、釜ヶ崎では日雇い労働者の不満を背景に暴動が繰り返されてきた。その最初が61年8月。高齢の労働者がタクシーにはねられたが、救急車の処置が遅れ、「見殺しにした」と集まった労働者が騒ぎだした。暴徒化した群衆が派出所や西成署、商店などを襲撃。投石、放火、略奪を行い、死者1人、警察官・一般人の負傷者934人を出す戦後最大の暴動に発展した。

第7次暴動が起きた後の66年11月、大阪府警は群衆の動きを早く的確につかむ名目で新今宮駅近くなどに2台のカメラを設置。西成署のモニターテレビで監視するようになった。その後も暴動は続き、カメラも増設されていく。日雇い労組の事務所が入る5階建てビル「釜ヶ崎解放会館」のはす向かいの電柱にも78年に設置。「労働者の通行量が多く、けんかや賭博《とばく》などの犯罪発生率が高い」との理由だった。釜ヶ崎のカメラは83年までに15台になった。旋回、ズームアップの機能はあるが、録画はしていないとされた。

銀行などには既にあったが、街頭のカメラは珍しかった時代。わずか0・62平方キロメートルの地区にカメラが集中して設置されているのは異様な光景だった。

「誰の断りもなく24時間、労働者の動きを監視しとる。他にこんな所はない。塀のない監獄と一緒や」。稲垣は「肖像権の侵害」と捉えて旧知の弁護士に相談した。

今では「西の無罪獲得王」と呼ばれる後藤貞人(77)である。弁護士になりたての75年、公園に作った労働者のテント村を撤去する大阪市の行政代執行を妨害したとして逮捕された稲垣の弁護を買って出たのが、付き合いの始まりだった。「釜ヶ崎の事件なんてカネにならんから受けたがる人はいない。そんなんだからこそやってみようと思った」と後藤は振り返る。

監視カメラの相談を受けた後藤は考えた。

〈狭い地域に15台ものカメラを設置している。こんなん梅田(オフィス街)や芦屋(高級住宅街)にあるか。他のどこにもない。これは単なる防犯ではない。稲垣氏ら労働者の活動を監視するためだ〉

その撤去を求める根拠を探した時、浮かんだのが憲法13条から導き出されるプライバシー権だった。後藤は9人の弁護団を結成。90年、稲垣ら労働者や釜ヶ崎の住民ら12人はカメラの撤去と損害賠償を求め、府警を設置する大阪府を相手に大阪地裁へ提訴する。全国で初めて、街頭監視カメラの違憲性を問う訴訟の始まりである。

地裁で担当することになったのは偶然にも、釜ヶ崎の近くで生まれ育った裁判長だった。

「団結権に深刻な影響」、撤去命じる初の判決

大阪地裁の裁判長、井垣敏生(80)＝現弁護士＝は戦時中の1943(昭和18)年、釜ヶ崎に近い飛田新地で生まれた。空襲を逃れて家族で島根に疎開。戦後の49年に戻った時は漢方薬局を営んでいた家は他人に占拠され、親戚の借家に居候した。

生業を失った一家の暮らしは厳しかった。小学4年の運動会の時、教室で1人だけ運動靴を支給され、生活保護を受けていることを知った。家計を支えようと中学時代に始めた新聞配達を高校、大学、司法試験合格まで10年間続けた苦労人である。

「寄ったらあかん」と言われていた釜ヶ崎に関心があり、司法修習中に仲間と安宿に泊まり込んで人々を観察したことがある。反感を買わないように傘は持ち手を抜いて使い古しのように見せた。たばこは安い「いこい」を持ち、ライターではなくマッチで火を付けるようにした。

夜、屋台で飲んでいると、労働者のおっちゃんたちから気さくに話しかけられた。井垣は「九州から流れてきた」と黒田節を歌ってごまかし、酒を酌み交わした。意外にも彼らのたばこはより高い「缶ピース」で、高級ライターを使っていた。「貧しく犯罪傾向のある人ばかり、というのは偏見。割とリッチで楽しく生きている人たちもいることを知った」

裁判でも実態を丁寧に引き出した上で判断するように心がけた。釜ヶ崎監視カメラ訴訟では釜ヶ崎の歴史に始まり、23回に及んだ暴動の1回ごとの経過、15台のカメラ1台ごとの設置経過、原告の中心である釜ヶ崎地域合同労働組合委員長・稲垣の活動歴、各カメラの設置箇所とモニターテレビで監視していた西成署の現場検証……。審理は4年を費やした。

92年11月から93年1月にかけて行われた稲垣への尋問。労組事務所が入るビル「釜ヶ崎解放会館」のはす向かいの電柱に取り付けられたカメラについて、稲垣はポイントになる証言をしている。

「解放会館に僕らが出入りし始めたすぐあとぐらいにカメラが付いて四六時中、会館の入り口を見ているわけです。僕ら自身も当然嫌な思いをするし、僕らを応援しに来てくれる人たちも顔がはっきり映ってしまうし……」

原告代理人弁護士：解放会館という形でそのビルを（妻名義で）取得する前は、会館が見えるような所にカメラはなかったんですね?

「なかったですね」

西成署は、稲垣が労組の事務所を解放会館に設置した直後、別の場所にあったカメラを会館近くに移動させていたのだ。「警察の意図が読み取れた」と井垣は振り返る。

94年4月に言い渡した判決。判断の基準として、カメラの設置で得られる利益(公共の福祉)の大きさと個人のプライバシー侵害の大きさを比較することを前提にした。

その結果、15台のうち14台の設置箇所は暴動や犯罪の発生が多い場所であるのに対し、多数が通行し、匿名性や一過性が比較的保たれやすく、プライバシーの利益は大きくない、と判断。「受忍(我慢)すべき限度にとどまる」とした。

問題にしたのは、解放会館近くに設置されたカメラ。会館の前の道路は比較的狭く、暴動や不法行為もほとんどなく「会館自体を監視する目的でカメラを移設したとみられる」。そしてプライバシー侵害の大きさを次のように述べ、撤去を命じた。

大衆闘争や労働運動の拠点を警察に継続的に監視されると、その活動内容、人的交流などの全てを把握される恐れがある。稲垣の行動の自由を制約するだけでなく、出入りする者の行動にも影響を与え、労組の活動に支障を生じさせる恐れが高い。結社の自由や団結権に深刻な影響を与える――。

初めて監視カメラの撤去を命ずる画期的な判決だが、代理人弁護士の後藤は不満だった。「15台全部で釜ケ崎全体を監視しとるやないか。全部撤去すべきだ」。稲垣の思いは違った。「これまでの裁判で僕らの言い分が通ったことはなかった。1台とはいえ初めて主張を認めてもらい、うれしかった」

双方が控訴したが、判決は高裁、最高裁で支持され、98年に確定。解放会館近くのカメラは撤去された。

その21年後、別のカメラを巡って刑事事件が起きる。

釜ヶ崎監視カメラ訴訟（刑事）——不当な監視への抵抗は正当防衛

ＪＲ大阪環状線の新今宮駅を西口から出ると、幹線道路を挟んで異様な光景が目に飛び込んでくる。平日昼でもシャッターが全て下りた灰色の13階建てビル。その側面に積み上げるように放置されたテーブルやソファ、布団、傘などとポリ袋に入ったごみの山。北西の道路に沿って数十メートル続いている。

ビルは「あいりん総合センター」だった建物。国や大阪府、大阪市の複合施設で、釜ヶ崎（あいりん地区）の入り口に1970年に設置された。５～13階は労働者のための病院や市営住宅、１～４階に仕事を紹介する西成労働福祉センターと公共職業安定所などが入っていた。

１階には、求人条件を示したプラカードを掲げた業者が労働者と直接、雇用契約を結んで車に乗せていく「寄せ場」もあり、総合センターは日雇い労働者の街を象徴する建物だった。

老朽化や耐震性を理由に建て替えが決まり、労働施設は北西の道路を挟んだ高架下の建物に仮移転し、総合センターの労働フロアは2019年3月末で閉鎖されることになった。中にはシャワー室や食堂、娯楽室などがあり、昼間の仕事にありつけなかった人や夜の仕事の人が雨風をしのぎ、段ボールを敷いて休む場所でもあった。

「労働者の居場所を奪う」。閉鎖は計画段階から強い反対運動が起き、閉鎖予定日には300人近くが集まりシャッターの下に寝転がるなどして抵抗。４月下旬、機動隊も動員され、中にいた数十人が外に出された。労働者が持ち込んでいた物も運び出され、センター北西側の路上に並べられた。そこに外からのごみの不法投棄も相次ぎ、今日の異様な光景を形作っている。

この路上に反対派は廃材やブルーシートで組み立てた「団結小屋」を設け、センター閉鎖後の活動拠点とした。反対運動の中心を担ったのが釜ヶ崎地域合同労働組合委員長の稲垣浩である。

稲垣の支援者で介護職員の本間全《あきら》(56)は5月下旬、仮移転した労働福祉センター駐車場端のポール(高さ5メートル)に取り付けられた防犯カメラの向きが、南側の駐車場から東側の団結小屋方向に変えられているのに気付いた。知らせを受けた稲垣の脳裏に、21年前に確定した民事訴訟判決がよみがえった。

当時、釜ヶ崎に取り付けられた警察の監視カメラのうち稲垣の労組事務所が入るビルの出入り口をとらえていたカメラについてプライバシー権の侵害を認め、撤去を命じた判決である。「これ(今回)もプライバシー権や団結権の侵害や。出入りするのが映っとるとなれば、誰だって萎縮するやないか」。稲垣はカメラを壊したり、無理に向きを変えたりしない対抗手段を考えた。

脚立を置き、労働者を対象にした炊き出し用のゴム手袋でレンズをふさごうとすると「危ないから」と、とび職の経験がある労働者が代わりに上って取り付けた。稲垣や本間ら3人が脚立を支えた。6月上旬、ゴム手袋が警察に外されたため、再び取り付けようとしていると、通りがかった別の労働者が「俺やるわ」と脚立に上って手袋を付けたが落下したため、近くの格安スーパー「玉出」のレジ袋をかぶせた。この時も稲垣や本間ら3人が脚立を押さえた。

その5カ月後。関わった6人は大阪府警に逮捕され、うち稲垣や本間ら4人が起訴された。威力を用いて防犯カメラによる撮影を不能にさせたという「威力業務妨害罪」が適用された。

「こんな犯罪とちゃう。稲垣さんらしい非暴力の抗議や」。弁護士になりたての頃から稲垣の弁護人になり、21年前に監視カメラ1台の撤去を命ずる確定判決を勝ち取った訴訟の代理人も務めた後藤貞人は今回、弁護人を引き受けた時の印象を語る。

本間の弁護人には「ドヤ街の弁護士」遠藤比呂通《ひろみち》(64)が就いた。遠藤は、憲法学者、故芦部信喜の東大最後のゼミ生。東北大助教授(憲法学)の職をなげうって、釜ヶ崎の労働者の人権を守るため近くに法律事務所を開いた。その遠藤も「逮捕勾留されるような事件ではない」と疑問を持った。

これは本当に犯罪なのか——。検察と弁護側が真っ向からぶつかる裁判が始まる。最大の焦点は、カメラを管理する府が何の目的でカメラの向きを変えたかだった。

地裁判決から一転、高裁は無罪

検察官：本件カメラの撮影方向を変更したきっかけは何かあったんでしょうか。

大阪府の担当者：平成31(2019)年4月26日の早朝、あいりん総合センター北西部分の私どもの敷地内でテントが放火される事件(ぼや)が発生しました。それがきっかけです——。

2021年9月、大阪地裁の法廷はヤマ場を迎えていた。

争点は、カメラの向きを変えた目的。それが府側が言う「防犯」のためでなく、団結小屋の「監視」目的ならプライバシー権の侵害で、稲垣らの行為は正当化される可能性がある。

弁護人の後藤が法廷で反対尋問に立ち、センターを管理する府の担当者を追及していく。

後藤：確認ですが、防犯上の理由というのは、(センターの)上(階)が社会医療センターで入院患者さんもいる。それが危険だということでしたか。

担当者：建物の管理上、危険なので防犯のために。

(中略)

後藤：東側でもう1カ所、同じ日に(自転車への)放火があったのではありませんか。

担当者：はい。ありましたね。

後藤：東側に防犯カメラを設置しようという話は出なかったんですね。

担当者：その時は具体的に付けようという話は出ていないですね。

後藤が突きたかったのは、総合センターの北西側と東側で危険性は変わらないのに、団結小屋のある北西側だけ「防犯」を強化したという矛盾である。

半年後の22年3月、地裁は威力業務妨害罪で稲垣ら4被告に有罪判決(罰金10万〜50万円)を言い渡す。府の担当者の証言は「自然で合理的。信用できる」「府などが団結小屋への出入りを逐一把握しなければならない事情はうかがえない」というのが理由だった。

4被告のうち3人が「事実誤認」と控訴。翌年6月の大阪高裁判決で裁判長、斎藤正人は一審と正反対の判断を示す。

判決は、府担当者の一審での証言内容を詳細に再検討。矛盾を次々に挙げていく。

医療センターの入院患者への被害を懸念したというのに、①同センターや運営する大阪市を交えて協議した形跡は一切、うかがえない②２カ所の放火現場のうちセンターの入り口がある東側の防犯対策がより重要なのに北西側のみ対策を講じている③防犯と言いながらカメラの角度を変えて以降、撮影動画を確認した形跡がない――。だから証言は「不自然、不合理で信用性に疑問がある」。

では、なぜ担当者はカメラを北西側に向けたのか。府は稲垣らに団結小屋のある北西側敷地の明け渡しを求める民事訴訟を起こしていた。今回の判決は「法的手段により明け渡しが早期に実現できる見込みに乏しい中、カメラを向けることで活動を萎縮させ、立ち退きを余儀なくさせる状況に追い込む目的だった疑いが強い」と判断。憲法13条が認めるプライバシー権を侵害するため、稲垣らの行為は正当防衛が成立するとして、３人に無罪を言い渡した。

自分が納得するものだけで30~40件の無罪判決を勝ち取ってきた後藤。「これまで無罪をもらった中で最も良質な判決。(斎藤は)証拠に率直に向き合い、政治的判断は一切していない」と評価する。

検察は上告を断念し、無罪判決が確定。団結小屋をとらえていた監視カメラの向きは元に戻された。ただ、釜ヶ崎の監視カメラは稲垣が数年前に数えたところ、88カ所に増えた。この事件の弁護人の一人で在野の憲法学者でもある遠藤は言う。「プライバシーの侵害に対し救済を与えることがプライバシー権の中核にある。監視している人を監視する社会を求めていくことが必要だ」

中津川市議代読裁判——出せない声、代替手段自分で選びたい

朝、目が覚めて首に手を回してみると、喉に腫れている部分があるのが分かった。２００２年8月、岐阜県中津川市の市会議員だった小池公夫(84)。当時、62歳。病院で検査を受けると「下咽頭がん」の診断だった。下咽頭近くの声帯を含めて摘出しないと、余命６カ月と宣告され、考える余裕もなく手術を受けた。

16時間に及ぶ手術後、「沈黙の世界」にただじっと目を開けている自分がいた。言葉を発することができない。口で息することもできない。喉には呼吸用に直径2センチほどの穴が開けられていた。退院して、電話がかかってきたり来訪者があったりしても応対できない。「口のきけん者に議員なんかできるのか」。心無い言葉も浴びせられた。

小池は県立高校の社会科教員を36年務め、定年まで1年を残した１９９９年、中津川市議選に立候補。岐阜県高校教職員組合の委員長だった関係で共産党から出馬要請があった。当選し、4年の任期も終わりに近づき、声が出ないまま2期目を目指すか迷った。がん再発への不安もあった。だがこれまで「社会的弱者の代弁者」を自任してきた。「障害のある人の声を市政に反映させていくことが、障害を持つことになった自分に一番求められていること」と再選出馬を決めた。

２００３年3月、市議選前の最後の議会。小池は冒頭、議会の入院見舞いに対するお礼をするため壇上に立った。用意した文章を代読してもらうことになっていた。ところが「代読されないことにな

った」と議長。「なぜだ」。そう言おうとしたが声は出ない。ぼうぜんとその場に立ち尽くすしかなかった。

みじめだった。「障害のある者としての屈辱感を実感した初めての日」として記憶した。この時から「代読」を巡って議会多数派との長い闘いが始まることになる。

翌月、市議選がスタートした。辻立ちする小池の横に長男の桂《かつら》＝現大学教授＝(56)、長女の木綿子《ゆうこ》(52)が並び、「安心・安全・希望のある街づくり」など小池の主張を代読して訴え、巡回する選挙カーでは木綿子や支援者がマイクを握り、本人に代わって「小池をよろしくお願いします」と呼びかけた。

家族の懸命のサポートが共感を呼んだのか、前回選より順位を13上げ、25人中7位で再選を果たした。

選挙後の最初の議会で小池は早速、第三者の代読による発言を求めた。しかし、保守系の最大会派を中心とする多数派は「発言は口頭が原則」「地方議会での前例がない」などと認めなかった。小池には、これまで市政に批判的な質問を続けてきたことへの嫌がらせと映った。

「前例がないなんて信用できない」。小池の家族は独自に調査を始めた。桂がインターネットを使い、障害のある議員がいる全国の議会をリストアップ。小池の妻のり子(83)はそれを基に電話やファックスで、議会がどのような補佐をしているか、問い合わせた。すると、04年当時、全ての議会が障害のある議員の要望に基づいて補佐する対応をしており、「代読」だけでも神奈川県鎌倉市議会、愛知県岡崎市議会、隣の蛭川《ひるかわ》村(現中津川市)議会が認めていることが確認できた。

この調査結果は、後援会が集めた1万5000人の署名とともに陳情として議会に提出された。しかし議会運営委員会は「権利の主張が目に付く」「自らの声が出るように努力を」などと依然、代読を認めなかった。一方で、静岡市議会の対応を例に音声変換機能付きのパソコンを使用すれば発言を認めると決めた。

静岡市には小池と同様に、がんで声帯を切除した議員がいた。のり子が電話で本人に問い合わせたところ、パソコンに習熟しており、自らパソコン使用を要望したと妻の代読で答えた。

小池はこれまでパソコンに触ったことすらなく、当然要望もしていない。何より自分の思いを伝えるには、機械の作り出す音ではなく人間の肉声が望ましいと考えていた。

「私のものであるはずのコミュニケーションの方法をなぜ、私の意思とは無関係に一方的に制限されなければならないのか」

小池の頭の中には、憲法13条から導き出される「自己決定権」が浮かんでいた。

障害者の自己決定権求め提訴

代読による議会発言を議会多数派に拒否され続け、法的な打開策がないか模索していた小池。頼ったのは弁護士の安藤友人《ともひと》(73)=岐阜市。小池が岐阜県高教組委員長を務めていた時の知り合いである。

安藤は岐阜県弁護士会会長や日弁連常務理事などを務めた重鎮。90人が原告になった中部電力思想差別訴訟の原告代理人を務め、22年半かかって高裁和解に導いた経歴を持つ。

小池の相談を受けた安藤は考えた。訴訟を起こせば一審判決まで数年かかり、小池の議員任期は終わってしまう。弁護士会への人権救済申し立てなら、勧告などの措置が1年以内に出される可能性がある。法的拘束力はないが、法律の専門家集団の意見であれば議会も尊重するのではないか。そうすれば小池の任期中に代読による議会発言が実現するかもしれない。

アドバイスを受けた小池は04年12月、県弁護士会人権擁護委員会に救済を申し立てた。

議会側はそれまで、代読を認めない具体的理由を小池に説明してこなかった。人権擁護委のメンバーが議長や議会運営委員長らに事情聴取すると、こんな答えが返ってきた。

「代読は選挙で選ばれていない人が演説することになる」「代読者のパフォーマンスが入り込む」「そのパフォーマンスを利用して次の選挙に立候補する危険性がある」……。小池を支援してきた長男の柱に言わせると、「荒唐無稽な理由ばかり」だった。

県弁護士会は05年11月、議長と議会運営委員長に対し、議会事務局職員による代読での発言を認めるよう勧告を出す。神奈川県鎌倉市議会など代読を認めている他の議会で弊害が生じたとの報告はなく、「具体的危険性があるとは認められない」と、中津川市議会が挙げる代読拒否の理由を一蹴した。

その上で憲法上の問題点を指摘。すぐにも実現可能な代読を否定し、小池が使用したことのないパソコン(音声変換装置)の利用を強要することは、「議員としての政治的意見表明権の侵害で憲法21条(表現の自由)に反し、健常者との差別結果をもたらすことで憲法14条(法の下の平等)にも反する」と断じた。

さらに小池が声を失った後に再選して以来2年半近く、議会や委員会で一度も発言できないことは「憲法11条の基本的人権の一つである参政権の侵害を本人のみならず中津川市民にも行っている」と非難。二重三重の憲法違反の指摘を議会側に突き付けた。

「これでようやく終わる」。桂はそう思ったという。

その期待は裏切られる。議会多数派は「議会への圧力」などと受け止め、勧告にそのまま従う姿勢を見せなかった。議会運営委員会の議論で、「一般質問の最初はパソコンを利用し、再質問のみ代読を認める」という「折衷案」が飛び出すと、その通り決定してしまった。

小池は悩んだ。何も発言できないより一部でも認められた代読を受け入れるか。それとも「わがまま」と非難されようとも、全て代読を望む自己決定権を求め続けるか。結論は後者だった。

06年12月。小池は損害賠償を求める訴訟を岐阜地裁に起こす。安藤が小池の代理人になる弁護団への参加を募ると、全国から100人余の弁護士が呼応した。被告は市議会を議事機関として置く中津川市と、小池が代読で発言することを保障する決議案に反対した議員と議長の計28人。

訴状では、侵害された権利として、岐阜県弁護士会の勧告が指摘した憲法21条、14条に、13条を加えた。「発声障害者がどのような方法で発言するかは、本来、自分自身で決めることであり、外部から押しつけられるものではない。これは幸福追求の権利の一環としての自己決定権として保障される」

原告弁護団は、法廷での小池の意見陳述や本人尋問について「代読」による発言を申請。裁判所はすんなり許可した。市議会の対応の異常さが浮き彫りになった。

9年の闘い——実った「不断の努力」

「なぜ私だけが、他の議員には課せられない制約の中でしか発言が認められないのでしょうか。私も他の議員と同じように議論に参加し、自由闊達《かったつ》に意見を表明したい」

07年１月、岐阜地裁の法廷。支援者らで埋まった傍聴席からすすり泣きが漏れた。

小池は第１回口頭弁論で意見陳述に立った。その横には長女木綿子が並び、小池の手書き原稿を代読した。

父の思いを何としても裁判官に伝えたい――。木綿子はゆっくり大きな声で話せるよう事前に何度も練習していた。

小池は議会対応の問題点を三つ挙げた。

①障害のある当事者の意向を無視して、議会が一方的に決める方法（音声変換機能付きパソコン）でしか発言を認めないのは人権侵害②代読の拒否は議員活動の妨害であり、自分と自分を選んだ市民の参政権の侵害③（小池が使ったことのない）パソコンの使用は新たなバリア（障壁）をもたらし、車いすを求めている肢体障害者に「少しは歩けるように努力しなさい」と松葉づえしか渡さないのと同じ――。

用紙７枚にびっしり書かれた文字。木綿子は感情が高ぶるのを必死にこらえ、15分の代読を終えた。双方の代理人などとのやりとりがある本人尋問では裁判所書記官が代読。市議会が代読を認めない理由として挙げたトラブルは何もなかった。

第１回弁論の時点で、小池の議員任期は残り３カ月ほど。最後の３月議会で代読によって発言できるよう小池と弁護団は和解を地裁に申し入れた。しかし、市、議員側は拒否。小池は１６００票余を得て７位当選した２期目を一度も質問できないまま引退することになる。

10年9月。地裁(裁判長・内田計一)は前市議となった小池に一部勝訴の判決を出す。「小池がパソコンを使用できないことを知りながらパソコンでの発言を強制したことは議会へ参加する権利(参政権)を害し、違法」と市に10万円の賠償を命じた。

ただ、最初の一般質問は議会事務局職員がパソコンで事前に打ち込み、再質問のみ職員による代読を認めるという、その後に議会が示した折衷案は「さほど負担を強いるものではなく、参政権を害しない」と訴えを退けた。

判決が特に小池や弁護団の反発を招いたのは「議会の運営に関することは、議会及び議長の裁量に委ねられ、障害者である議員の表現の自由や自己決定権が制限されたとしても、参政権侵害などの特段の事情がない限りやむをえない」としたことだ。

小池は「障害者の参政権と自己決定権を認めてもらうまで闘う」と控訴。一方で判決後、6人の市議が代読を認めなかったことを小池に謝罪。被告から外れ、控訴審の相手市議は22人に減った。

12年5月に出た名古屋高裁判決(裁判長・渡辺修明)。議会がパソコン使用を求める前から「(小池の)発言方法を具体的に審議せず、小池が本会議、委員会での発言を事実上できない状態にし、発言の権利、自由を侵害した」と議会の加害期間を拡大。賠償額を300万円に増やした。

しかし、「自己決定権が憲法上保障されているとしても、地方議会での発言方法は議会の自主性、自律性に委ねられる」と一審同様、自己決定権の侵害は認めなかった。

小池は「障害者差別への怒りは多くの人たちに共有され、裁判官にも少しは通じた」と上告せず、市・議員側も上告しなかったため高裁判決が確定。最初に議会での代読を拒否されてから9年に及んだ小池の闘いは終わった。

司法が認めなかった議会での発言方法の自己決定権。それは別の形で実現する。

障害者基本法が11年に改正され、小池の事例も参考に「全て障害者は意思疎通のための手段についての選択の機会が確保される」と盛られた。14年に制定された中津川市議会基本条例には基本法改正を受けて「障がいのある議員については、本人の意思を尊重し、議会活動を保障します」と明記された。

今回の取材は24年5月中旬、中津川市の自宅で主に木綿子の代読によって行った。判決確定から12年。小池に今、思うことを尋ねると、メモ用紙にこう書いた。

〈憲法を生かすための「不断の努力」は死ぬまで続くんだなあとあらためて思う〉

「不断の努力」は憲法12条に刻まれた精神である。

嘉手納基地爆音訴訟――米軍基地は治外法権か

2024年7月23日午後、沖縄本島中部の嘉手納《かでな》町。係争中の第4次嘉手納基地爆音訴訟の原告団副団長で町議の福地義広(63)に案内してもらい、極東最大の米軍基地の全容が見渡せるという「道の駅かでな」を訪ねた。基地側にせり出す4階展望所があり、意外にも外国人グループを含む数十人の観光客でにぎわっていた。

台風が接近して風が強く、F15戦闘機など約10種の計約100機あるとされる常駐機のほとんどが格納庫に納まっている。1時間近くいて輸送機とみられる1機が「ゴー」という音とともに離陸したのが確認できた。

戦闘機が好きで東京から家族で訪れたパート従業員の女性(34)は「4時間いて10機の飛行を見られた。格好良かった」と話した。その隣でやはり東京から来た病院職員の男性(52)が小学2年の息子にこんな説明をしていた。

「この広々とした基地は、ここに住んでいた人たちをアメリカ軍が追い払って造ったんだ。だから、(県道を隔てた)あっちの狭い土地に密集して暮らさなければならない。いまだに土地を返してもらえないんだ」

基地問題の核心である。男性は取材に「土地の返還を求める沖縄県民の民意が反映されず理不尽。日本政府がアメリカに従属している象徴だ」と訴えた。

嘉手納基地は沖縄市、嘉手納町、北谷町《ちゃたん》の3市町にまたがり、19・86平方キロメートル。長野県で言えば小布施町がすっぽり収まる広さだ。嘉手納町では町域の82%を飛行場と弾薬庫地区が占め、住民は残る18%のわずかな土地での生活を余儀なくされている。

基地のある場所は、太平洋戦争前までは集落や畑が広がるのどかな地域だった。戦争後期の1944(昭和19)年9月、旧日本陸軍が土地を接収して飛行場を開設。「鉄の暴風」と呼ばれる米軍の集中砲火を受け焦土と化した。沖縄を占領した米軍は「銃剣とブルドーザー」による土地の強制接収を続け、旧日本軍飛行場の40倍もの巨大基地に拡張。住民は基地の外周へと追いやられていった。

72年に沖縄が日本に復帰した後も日米安保条約と日米地位協定に基づき、国は米国に基地を提供。米国が基地を運営、管理する。管理権が米国にあることは、「爆音」に悩まされ続ける住民たちが訴訟で夜間、早朝の飛行差し止めを求める最大の障壁となっている。

福地は元裁判所書記官。那覇地裁沖縄支部勤務時代の94年2月、第1次爆音訴訟で夜間、早朝の飛行差し止めを棄却する判決の正本を原告代理人に手渡したことがある。家庭の事情で2008年、行政書士に転身し、地元嘉手納町に戻った。

自宅の上を飛び交うヘリコプターや離陸する戦闘機のすさまじい音をあらためて体感し、11年提訴の第3次訴訟から原告に加わった。仕事中に突然爆音が響くと「頭の中が真っ白になり、思考回路が途切れる」。窓を開けていると排ガスの嫌なにおいが入り込んでくる。息子が小学校時代には、運動会の音楽、舞台発表の声、卒業式の校長あいさつさえ聞こえず、「晴れ舞台を台無しにされてきた」と憤る。因果関係は不明だが、周囲には耳が遠くなった人が多く、睡眠障害の人もいるという。

5歳と2歳の娘2人を育てる同町の原告、呉屋美香（46）にも会った。ごう音は突然襲ってくるので娘たちは怖がってしがみついてくる。夜、寝ていると振動も感じ、びくっと起きてしまうこともある。保育園でも外遊びをしている時は保育士の指示が聞こえなくなり、中断したり中止したりする。

「（在沖縄の）米兵の性暴力事件で情報を止めていたこともそうだけど、米軍と沖縄の間に立つ日本政府は誰に寄り添っているのか。私たちは静かな生活を送りたいだけなのに」。穏やかな呉屋の口調が厳しくなった。

この日は「夜の爆音が聞けるかもしれない」との原告団幹部の勧めで、基地のゲート近くの古いホテルに泊まった。窓は防音対策で二重サッシになっている。何事もなく眠りに就いたが午前2時ごろ、「ゴー」という音で起こされた。雷とは違う音に思えた。

翌日も道の駅に行ったが、風雨が強まり飛行は確認できなかった。台風が過ぎ去ってしばらくした7月30日午後、福地は立ち寄った道の駅でF16とみられる戦闘機が飛び立つ時、騒音計が103デシベルを表示したのを動画でとらえ、自身のユーチューブチャンネルで公開している。これは、電車が通る時のガード下を上回るうるささ。会話はできない。

基地周辺住民は、皮肉にも台風が来た時だけ爆音から逃れることができるのである。

「虫の声が響く生活を」　法廷で17歳が訴え

「飛行機の爆音じゃなくて、虫の声が響くくらいの静かな生活がしてみたいです」

11年10月20日、那覇地裁沖縄支部の法廷。1人の女子高校生が証言台に立って訴えていた。第3次嘉手納基地爆音訴訟の第１回口頭弁論。意見陳述したのは、基地の地元、嘉手納町で生まれ育った当時17歳の原告、又吉姫香。基地周辺市町村の原告計２万２０００人余の嘉手納町代表として発言した。又吉は、高校に入ってから他地域の同級生に「やー(おまえ)の耳の悪っさよー」「みんかー(難聴)やー」などと言われ、大きな音にさらされるうちに耳が遠くなったと思うと証言。米軍機の飛行時にはテレビのボリュームを通常の２倍以上にしないと聞こえない。１時間の授業でひどい時には３、４回爆音で中断する。卒業式の時間帯だけは訓練しないよう基地側に町が要請していたにもかかわらず、校長の式辞が爆音でかき消された……。基地の騒音が生活に及ぼしている影響を次々と挙げた。

「虫の声が響く生活」は原告団の共感を呼び、その後、スローガンのようになっていく。

嘉手納基地の常駐機は第３次訴訟提訴前の09年時点で戦闘機や空中給油機など約１００機とされる。空母や国内外の基地からも頻繁に飛来する。離着陸のほか低空飛行や旋回飛行、滑走路に一時的に着陸して停止せずそのまま離陸する「タッチ・アンド・ゴー」、エンジン調整などで騒音を発生させる。エンジン調整は飛行前の早朝に行われることが多く、基地周辺の住民たちを朝から騒音にさらす。

騒音回数は09年４月、基地周辺12カ所の県の測定平均で月に１５７５回、１日52回だった。

米軍機の飛行には一応取り決めがある。日米地位協定の運用を両国の代表が協議する日米合同委員会が１９９６年に承認した「嘉手納・普天間(沖縄県宜野湾市)両飛行場の航空機騒音規制措置に関する合意」(騒音防止協定)である。午後10時から午前６時までの飛行に一定の制限を設けている。

しかし、例えば基地周辺の北谷《ちゃたん》町で２０１０年12月に測定した結果では夜間早朝(午後10時〜午前７時)の騒音発生回数が月１８９回、一晩平均６回あり、とても協定が守られているとは言えない状況が続く。実は協定には、夜間、早朝の飛行活動は「米国の運用上の所要のために必要と考えられるもの」に限ると、いくらでも拡大解釈できる文言が付いている。「飛行制限は全く無視されている。飛行の必要性を決めるのは米軍で、協定はないのと一緒」。第4次訴訟原告団副団長の福地は憤る。

基地周辺の住民を悩ませるのは爆音や排ガス臭、振動だけではない。

沖縄県が米軍統治下だった1959年6月、石川市（現うるま市）の宮森小学校校舎に嘉手納基地所属のジェット戦闘機が墜落した事故。パイロットは脱出したが、給食が始まった頃の児童11人と住民6人が命を落とし、1人が後遺症で亡くなった。負傷者は210人。戦後の沖縄で米軍が起こした最大の墜落事故になった。5年生の時に事故を体験した伊波純子（75）は2015年7月、第3次訴訟の原告本人尋問でこう証言している。

「裏門の所で教頭先生だったと思うんですが、白いシャツが真っ赤になって女の子を抱いていたんです。（女の子は）手の肉が（裂けて）垂れ下がるけがをしているんです。すごい動転したのを覚えています」。教室で焼け死んだ2人の児童は顔が変形して性別さえ分からず、朝食に何を食べたかを親に尋ねて解剖し、胃の内容物で特定したと聞いた、とも語った。

原告代理人弁護士：その後も50年以上、（米軍機の）爆音を聞き続けているわけですが、音を聞いている時はどんな気持ちですか。

伊波：まず不安が先に来ます。落ちるんじゃないかなって――。

米軍機の墜落事故はその後も相次ぎ、県によると1972年5月の日本復帰から昨年末までに全県で49件。落下物による事故も79件あり、補助燃料タンク落下で幼児死亡（50年）、トレーラー落下で少女圧死（65年）など子どもが犠牲になる事故も起きている。

飛行差し止め阻む「第三者行為論」突破口は

55年7月19日早朝、沖縄本島中部の西海岸に位置する沖縄県旧宜野湾《ぎのわん》村伊佐浜。基地建設のための土地接収で、武装した米兵が取り囲む中をブルドーザーが次々と家をなぎ倒し、田畑を埋めていく。悲鳴を上げて逃げ惑う住民、抵抗する人に銃剣を突きつける米兵……。

この惨状をカメラ片手に記憶に焼き付けている15歳の少年がいた。後に米軍嘉手納基地爆音訴訟の原告弁護団長になる池宮城《いけみやぎ》紀夫《としお》（84）＝那覇市＝である。当時高校1年生。毎日新聞通信員だった父が結核で自宅療養中だったため代わりに現場に赴いた。戻って見てきたことを話すと、父は原稿にして送稿した。

「住民の怒りと米軍の非情さを目の当たりにし、許せないという気持ちを持ち続けてきた」と池宮城。沖縄の人たちの人権を守りたいと弁護士になった。金武湾埋め立て反対闘争、反戦地主の土地提供拒否闘争などに絡む訴訟に住民側代理人として関わった。

76〜77年、米軍横田基地（東京都）、米軍・自衛隊の厚木基地（神奈川県）の航空機騒音を巡り周辺住民らが国に夜間、早朝の飛行差し止めと損害賠償を求める訴えを全国に先駆けて起こした。「嘉手納基地の方がもっと騒音がひどい」と考えた池宮城は、沖縄での訴訟に向けて動き出す。

当時は「国を訴えるなんて」と尻込みする基地周辺住民が多かった。池宮城は仲間の弁護士や労働団体のメンバーらと地区ごとに集会を開いたり、戸別訪問したりして説得。６地域の計９００人余が原告になることを決意し、82～83年、那覇地裁沖縄支部に提訴した。

この第1次訴訟の一審判決は提訴から10年余を経た94年2月に出た。生活環境整備法上のうるささ指数（W値）が80以上の地域住民については「被害が受忍（我慢）限度を超える」と損害賠償を認めた。しかし、夜間早朝の飛行差し止め請求は「棄却を免れない」と退けた。それは次のような理屈である。被告の国が米軍飛行場の管理運営権を制約し、活動を制限できる条約、国内法令の定めはない。国の支配が及ばない第三者（米軍）の行為は差し止め請求できない――。「第三者行為論」と呼ばれる。

98年5月の控訴審判決は、賠償が上積みされたが、飛行差し止めは同様の理由で認めず、双方が上告せずに確定した。しかし、飛行差し止めが認められない限り騒音被害はなくならず、訴訟は続く。2000年3月提訴の第2次訴訟は5500人余、11年提訴の第3次訴訟は2万2000人余と原告数は国内最大規模に発展していく。だが、賠償は認めても、飛行差し止めは判を押したように第三者行為論で退けるという裁判所の姿勢は変わらなかった。

「基本的人権が無視されている。まさに憲法番外地だ」。池宮城は憤る。

ただ、飛行差し止めを真剣に考えた裁判官もいた。第1次訴訟の一審判決を言い渡した裁判長、瀬木比呂志（70）＝現明治大大学院法務研究科教授＝である。退官間もない13年発行の著書『民事訴訟の本質と諸相』で「苦い思い出」として明かしている。

〈重大な健康被害が生じた場合には差し止めも認められるという一般論を立てて、判例に小さな穴を開けたいと考えていた。しかし、判決の下書きができた段階で、国に対する米軍基地（横田・厚木）の騒音差し止め請求の主張自体失当として棄却する最高裁判決が出たために、それに従

って、理論面では判決の心臓部に当たるものともいえた前記の判断を捨ててしまった〉(丸カッコ内筆者)

この変更には

〈当時はまだ、疑問は抱きつつも最高裁判決には従うべきものと考えていた。最新の最高裁判決と真正面から抵触する判決を出すことに対する不安やためらいもあった〉

と吐露している。

飛行差し止めの論理はどのようなものだったのか――。

瀬木は24年8月上旬の取材に対し「裁判の内容に関わるので詳細は言えないし、記憶も薄れている」と明言を避けた。だが「今の考えであれば」と、14年発行の著書『絶望の裁判所』に書いたことを大筋次のように説明した。

日米安保条約を結んだのは国であり、国が米軍の飛行を許容した。日米地位協定には、施設の返還まで求められるとの規定がある以上、国が米軍機の飛行態様に関し、申し入れできないはずがない。憲法秩序が条約より優位なのは憲法学の通説。基本的人権や人格権の侵害に対し国は米国に申し入れる義務がある――。

そしてこう訴える。「米国のやることだから国は一切あずかり知らぬというのなら何のために憲法があるのか。植民地と何ら変わりないのではないか」

あとがき

私が執筆した信濃毎日新聞の連載「芦部信喜　平和への憲法学」が2020年春に終わったあと、当時の編集局長、小市昭夫さんから「次も憲法をテーマにして何かやってほしい」と依頼された。

私は「憲法事件を歩く」の構想を温めていたが、危惧していたのは、地元長野県が舞台になるのはごく一部で、ほとんどが県外だということだった。信濃毎日新聞などの地方紙は基本的に、その県に関係があることを取材し、そうでない全国のことは共同通信や時事通信の配信に委ねているからだ。「ほとんどが県外でもいいのか」。念を押す私に小市さんはこう答えた。「構わない。憲法なんだから」

国のありようを示す憲法を語るのに、県境など関係ない。そういう度量を示したものと受け止め、北海道から沖縄まで「歩く」旅は始まった。

考えてみれば、新聞のデジタル化の進展で地方紙も全国に発信していく時代になった。この連載も「信濃毎日新聞デジタル」で読んだという県外の読者から何件か反響が寄せられた。本になったことでさらに読者層が広がることを期待している。

連載は、石橋湛山記念早稲田ジャーナリズム大賞の大賞のほか、むのたけじ地域・民衆ジャーナリズム賞特別賞、平和・協同ジャーナリスト基金賞奨励賞という栄誉に浴することになった。そして、基金賞の大賞を受賞された映画監督の河邑厚徳さんが授賞式会場で、展示された連載の束を手に「これ、面白いですね。映像化したらいいんじゃないかな」と声をかけていただき、２０２６年度の公開を目指し、ドキュメンタリー映画になることになった。

思ってもみない展開に戸惑うとともに、憲法を武器に闘った人々やそれを裁いた人々のことをより多くの人に知ってもらう機会を得られたことを幸運に感じている。環境と体調が許せば、さらに憲法事件を巡る旅を続けたいと思う。

この連載は社内外の多くの皆さんに支えられた。社内では特に、早稲田大法社会学研究会で活動された先輩編集委員の増田正昭さんに立ち上げから毎回の原稿までアドバイスを頂いた。社外では、数多くの憲法訴訟を手がけた弁護士の新井章《あきら》さん、立川反戦ビラ入れ事件の取材で知り合って以来、毎回感想を寄せていただき、「憲法番外地」沖縄の取材を強く勧めてくれた弁護士の内田雅敏さん、前連載に引き続き取材に応じ、多くの資料を提供してくださった「ドヤ街の弁護士」遠藤比呂通《ひろみち》さん、芦部信喜氏の最後の門下生で憲法訴訟に詳しい立教大名誉教授の渋谷秀樹さんなどからご教示を受けた。

取材したのは、訴訟・事件の当事者、遺族、代理人・弁護人を務めた弁護士、意見書提出の学者、支援者、元裁判官など合計一〇〇人近くに上る。コロナ禍にもかかわらず協力を惜しまなかった皆さんにあらためて感謝申し上げる。

この本ができるまでには、岩波書店の山下由里子さんに専門知識に裏打ちされた鋭い指摘を受けたことを申し添える。

この本を読んで「そうだ。憲法がある」と一人でも多くの人に思っていただければ幸いである。

二〇二五年一月

渡辺秀樹

＊本書第1章〜8章は信濃毎日新聞連載「憲法事件を歩く　理念と現実のはざまで」（二〇二〇年一一月二二日〜二〇二四年一〇月六日、通算八六回）を加筆・修正の上まとめたものである。

渡辺秀樹

長野県駒ヶ根市生まれ．伊那北高校，早稲田大学第一文学部卒．1983 年，信濃毎日新聞社入社．報道部長，編集局次長，論説副主幹などを経て，2018 年から編集委員．新聞連載「憲法事件を歩く」で石橋湛山記念早稲田ジャーナリズム大賞「草の根民主主義部門」大賞，むのたけじ地域・民衆ジャーナリズム賞特別賞，平和・協同ジャーナリスト基金賞奨励賞．新聞連載「芦部信喜 平和への憲法学」等で平和・協同ジャーナリスト基金賞奨励賞．スクープ「判決文コピペか」でメディア・アンビシャス大賞メディア賞．

主要著書

『芦部信喜 平和への憲法学』(岩波書店，2020 年)．

憲法事件を歩く ―尊厳をかけて闘った人々と司法

2025 年 4 月 4 日　第 1 刷発行

著　者　渡辺秀樹《わたなべひでき》

発行者　坂本政謙

発行所　株式会社 岩波書店

〒101-8002 東京都千代田区一ツ橋 2-5-5

電話案内 03-5210-4000

https://www.iwanami.co.jp/

印刷・三陽社　カバー・半七印刷　製本・牧製本

ISBN 978-4-00-061693-5　　Printed in Japan